STEINE UND MINERALIEN

Das neue kompakte Bestimmungsbuch

STEINE UND MINERALIEN

Das neue kompakte Bestimmungsbuch

Basil Booth

KÖNEMANN

This book was designed and produced by
Quintet Publishing Limited
6 Blundell Street
London N7 9BH

Project Editor: Laura Sandelson
Creative Director: Richard Dewing
Designer: Nicky Chapman
Editor: Michelle Clark

Original title: Identifying Rocks and Minerals

© 1997 für die deutsche Ausgabe
Könemann Verlagsgesellschaft mbH,
Bonner Str. 126, D-50968 Köln
Übersetzung aus dem Englischen:
Ulrike Bischoff, Schwalmtal
Redaktion & Satz der deutschen Ausgabe:
Thomas Heider, Bergisch Gladbach
Druck und Bindung:Leefung-Asco Printers Ltd.
Printed in China

ISBN 3-89508-511-1

Der Verlag dankt Geoscience Features Picture Library
für die freundliche Bereitstellung sämtlicher Abbildungen
in diesem Buch.

INHALT

EINFÜHRUNG

Dieses Handbuch besteht aus zwei Hauptteilen, die allgemeine Merkmale zur Unterscheidung von Mineralien und Gesteinen aufzeigen. Um einen bestimmten Stein oder ein Mineral genau bestimmen zu können, ist es wichtig, diese Merkmale zu kennen und zu verstehen. Die beiden Teile des Buches bestehen jeweils aus einer Einleitung und einem Bestimmungsteil, der wichtige oder interessante Gesteine und Mineralien vorstellt.

Um ein guter Geologe zu werden, ist es wichtig, sich mit möglichst vielen Gesteinen und Mineralien vertraut zu machen und jede Gelegenheit zu nutzen, sich Gesteins- und Mineraliensammlungen in Museen anzuschauen. In diesem Buch erfahren Sie viel mehr über die einzelnen Arten, als die Etiketten in musealen Sammlungen aussagen.

Steine zu sammeln erfordert nur eine minimale Ausrüstung (siehe Abbildung): einen Geologenhammer, 0,7 kg schwer; einen Steinmeißel, 3,5 cm breit; schmales Klebeband (zur Numerierung und Kennzeichnung gesammelter Steine); einen Stift, ein Notizbuch (um Einzelheiten über gesammelte Steine zu notieren); Tüten oder alte Zeitungen (um Fundstücke einzupacken) und eine robuste Tasche oder einen Rucksack. Gewöhnliche Hämmer und Meißel sind ungeeignet, da sie im Gegensatz zu Geologenhämmern nicht gehärtet sind. Eine gut verschlossene Flasche mit 40prozentiger Salzsäure ist nützlich, um Kalkspat und Kalkstein zu identifizieren. Allen, die keine Brille tragen, ist eine Schutzbrille zu empfehlen, um beim Spalten der Steine die Augen vor Splittern zu schützen.

Sammeln kann man Steine in Steinbrüchen, an Klippen sowie auf Baugelände (wenn man vorher eine Genehmigung eingeholt hat). In Steinbrüchen und an Klippen sollte man einen Schutzhelm tragen, um sich vor Steinschlag zu schützen. Hinterlassen Sie auch immer, bevor Sie aufbrechen, eine Notiz mit der geplanten Route; so sind Sie im Unglücksfall schneller zu finden. Auch ist es ratsam, immer zu zweit zu arbeiten, was den zusätzlichen Vorteil hat, daß vier Augen mehr sehen als zwei, wenn man nach bestimmten Steinen sucht.

Nicht jedem ist es möglich, die Orte aufzusuchen, an denen viele der im vorliegenden Buch beschriebenen Gesteinsarten gefunden werden können. In Städten jedoch kann

Die Grundausrüstung des Geologen, um Fundstücke zu sammeln.

*In einer Vitrine lassen sich Mineralien und Gesteine
am besten ausstellen; ein Schildchen weist jedes
Fundstück deutlich aus.*

man vielen verschiedenen Arten bei einem Gang durch die Straßen begegnen, da sie häufig für Hausverkleidungen verwendet werden (Granit, Marmor und Larvikit sind die gebräuchlichsten). Da sie zudem hochpoliert sind, lassen sich die Mineralien hier sehr leicht erkennen.

Bei der Säuberung von Steinen ist zu beachten, daß man weiche Steine am besten ganz in Ruhe läßt, während man härtere mit einer kleinen Nylonbürste und Seifenlauge reinigt. Mineralien erfordern mehr Sorgfalt und lassen sich gut mit einem Haarpinsel säubern. Denken Sie daran, daß lösliche Mineralien, wie Steinsalz, nicht gewaschen werden dürfen und daß einige Kristalle leicht zerbrechen.

Nach dem Säubern möchte man seine Fundstücke ausstellen oder aufbewahren. Am besten lassen sie sich in einem Schränkchen mit vielen Schubladen unterbringen, die sich noch mit Hilfe von kleinen Pappschachteln weiter unterteilen lassen. Jedes Fundstück wird mit einem Namensschild und Ortsangabe gekennzeichnet. Wenn die Sammlung gewachsen ist, schafft man sich vielleicht eine beleuchtete Vitrine an, um seine schönsten Exemplare auszustellen.

MINERALIEN

MINERALFORMEN

Ein Mineral entsteht durch natürliche anorganische Prozesse und hat eine Zusammensetzung, die entweder festgelegt ist oder in einem klar definierten Rahmen variiert. Seine atomare Struktur wird durch die kristalline Form, außerdem durch andere physikalische Eigenschaften ausgedrückt. Es sind genau diese physikalischen Eigenschaften, die es ermöglichen, Mineralien und Gesteine im Feld zu identifizieren.

Ein Kristall hat eine regelmäßige, mehrflächige Form, die entsteht, wenn eine chemische Verbindung von einem gasförmigen oder flüssigen in einen festen Zustand übergeht. Unter gewissen Bedingungen – wie beim Metamorphismus – wachsen Kristalle auch in festem Gestein, ohne vorher in einem flüssigen oder gasförmigen Zustand gewesen zu sein. Zu beachten ist, daß die Kristallform eines Minerals Ausdruck seiner inneren atomaren Struktur ist und daher einen wertvollen Anhaltspunkt zu seiner Bestimmung darstellt.

KRISTALLSYSTEME UND SYMMETRIE

Wird ein Würfel an zwei gegenüberliegenden Flächen festgehalten, dann läßt er sich so drehen, daß vier verschiedene Flächen nacheinander erscheinen. Bei einer näheren Untersuchung stellt sich heraus, daß der Kubus drei solcher vierzähligen Symmetrieachsen besitzt. Insgesamt hat er 13 Symmetrieachsen: drei vierzählige, vier dreizählige, sechs zweizählige, aber nur die drei vierzähligen sind charakteristisch für das kubische (oder isometrische) Kristallsystem.

Es gibt sieben Kristallsysteme, die jeweils auf der Anzahl der ausgebildeten Symmetrieachsen beruhen:

Kubisches System: drei gleich lange rechtwinklige Achsen.
Tetragonales System: drei rechtwinklige Achsen, von denen zwei gleich lang und eine länger ist.
Orthorhombisches System: drei rechtwinklige Achsen, alle unterschiedlich lang.
Monoklines System: zwei rechtwinklige Achsen und eine Achse in einem anderen Winkel, alle unterschiedlich lang.
Triklines System: drei Achsen unterschiedlicher Länge, alle ungleich 90°.
Hexagonales und trigonales System: drei gleich lange Achsen auf einer Ebene, die sich im 120°-Winkel schneiden, sowie eine längere Achse, die genau rechtwinklig zu dieser Ebene steht (diese beiden Systeme unterscheiden sich durch ihre verschiedene Symmetrie, das hexagonale System hat eine sechszählige Symmetrie, das trigonale eine dreizählige).

Kristallographische Achsen sind Linien, die die Kristallflächen schneiden.

Das kubische System hat vier solcher Achsen, die rechtwinklig zueinander stehen; die Kristallflächen, die diese Achsen schneiden,

- KRISTALLSYSTEME UND SYMMETRIE -

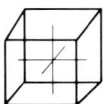

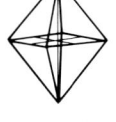

KUBISCHES SYSTEM
Alle drei Achsen sind gleich lang und stehen rechtwinklig zueinander.

TETRAGONALES SYSTEM
Drei rechtwinklig zueinander stehende Achsen. Die beiden auf der gleichen Ebene angeordneten sind gleich lang, während die dritte senkrecht zu dieser Ebene steht.

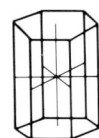

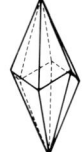

HEXAGONALES SYSTEM
Drei der vier Achsen liegen auf einer Ebene und gehen von einem Mittelpunkt in gleichmäßigen Strahlen nach außen. Die vierte Achse steht rechtwinklig zu dieser Ebene und weicht in der Länge von den anderen Achsen ab. Der Kristall hat eine (lange) sechszählige Symmetrieachse.

TRIGONALES SYSTEM
Drei gleich lange Achsen führen auf einer Ebene von einem Mittelpunkt strahlenförmig nach außen. Eine vierte Achse steht rechtwinklig zu dieser Ebene. Der Kristall hat eine dreizählige Symmetrieachse.

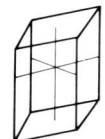

ORTHORHOMBISCHES SYSTEM
Drei Drehachsen unterschiedlicher Länge stehen rechtwinklig zueinander.

MONOKLINES SYSTEM
Das Prisma hat geneigte Grund- und Deckflächen. Es gibt drei Achsen unterschiedlicher Länge: zwei stehen rechtwinklig zueinander, während die dritte zur Ebene dieser beiden in einem Neigungswinkel ungleich 90° steht.

TRIKLINES SYSTEM
Drei Achsen unterschiedlicher Länge stehen in drei verschiedenen Winkeln zueinander. Drei Flächenpaare.

werden durch Millersche Indizes gekennzeichnet: 100 für die Kubusfläche, die von der Achse A_1 geschnitten wird; 010 für die Fläche, die von der Achse A_2 geschnitten wird; 001 für die Fläche, die von der Achse A_3 geschnitten wird. Die Fläche, die von der Achse A_1 geschnitten wird, erhält den Index 100; wenn hingegen alle drei Achsen eine Kristallfläche schneiden, ist der Millersche Index 111. Ein Millerscher Index von 210 zeigt an, daß die Achse A_1 eine Fläche in einem anderen Abstand schneidet als die Achse A_2.

Alle Achsen teilen sich in einen positiven und in einen negativen Bereich, ausgehend vom Schnittpunkt oder Ursprung der Achsen. Der negative Achsenabschnitt wird durch einen Querstrich über dem Index kenntlich gemacht (z. B. $10\bar{1}$), der beim Index der positiven Achsenbereiche fehlt (z. B. 101).

Eng mit der Kristallstruktur verbunden ist ein Merkmal, das man »Spaltbarkeit« nennt. Schwächen im Kristallgitter zeigen sich in der Tendenz des Kristalls, sich in einer bestimmten Richtung zu spalten; so läßt sich zum Beispiel Glimmer, bei dem die Silikatmoleküle in flachen Schichten angeordnet sind, leicht abblättern.

Ein Kristall kann von einer Fläche aus in zwei Richtungen wachsen. Das Ergebnis nennt man einen »Zwilling«. Zwillingskristalle sind an einspringenden Winkeln zu erkennen, die bei Einzelkristallen nicht zu finden sind. Gemeinhin kommt die Verzwillingung bei kubischen Systemen vor, bei denen ein Kubus den anderen durchdringt (z. B. Pyrit und Flußspat).

BESTIMMUNG VON MINERALIEN

Mineralien lassen sich im Feld anhand folgender Merkmale leicht bestimmen:

FARBE

Manche Farben sind besonders auffällig und daher für die Bestimmung sehr nützlich. Bei

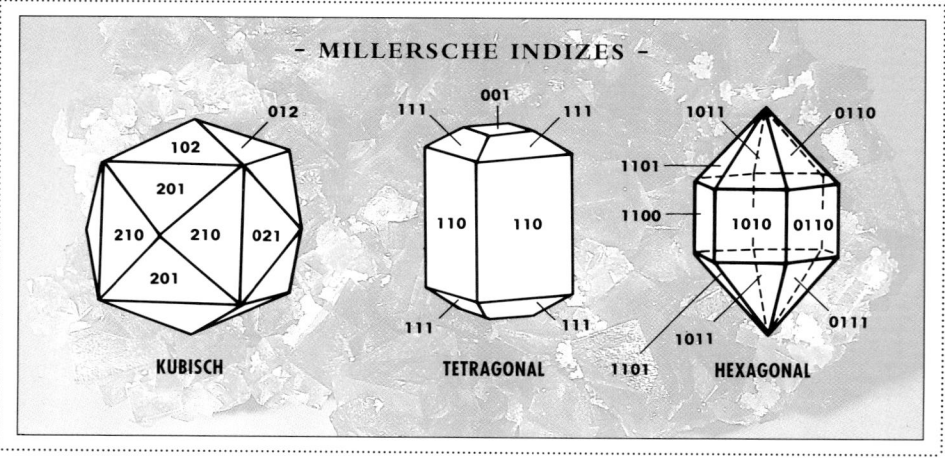

- MILLERSCHE INDIZES -

KUBISCH   TETRAGONAL   HEXAGONAL

folgenden Mineralien hilft die Farbe bei der Bestimmung:

Malachit: grün.

Pyrit: messinggelb.

Bleiglanz: bleigrau.

Bei folgenden Mineralien ist die Farbe variabel und daher zur Bestimmung nur wenig hilfreich:

Flußspat

Baryt

Quarz

GLANZ

Mit »Glanz« bezeichnet man die charakteristische Art, wie Mineralflächen Licht reflektieren. Es gibt dabei verschiedene Formen von Glanz:

Pyrit (Eisensulfid) hat einen leuchtenden Metallglanz.

Metallglanz: wie poliertes Metall, z. B. bei Pyrit.

Diamantglanz: wie bei Diamanten, z. B. Kassiterit.

Glasglanz: wie bei zerbrochenem Glas, z. B. Quarz.

Harzglanz: wie bei Harz oder Wachs, z. B. Zinkblende.

Perlmuttglanz: wie bei Perlen, z. B. Stilbit.

Seidenglanz: wie Seide, z. B. Atlasspat.

Schimmernd: leuchtend reflektierend, z. B. Eisenglanz.

Glänzend: reflektiert ein Bild, aber nicht klar, z. B. Gipsspat.

Glitzernd: reflektiert Licht, aber kein Bild, z. B. Kupferkies.

Funkelnd: unvollkommene Reflektionen einzelner Punkte, z. B. Feuerstein.

STRICHFARBE

Strichfarbe nennt man die Farbe, die ein Mineral in pulverisierter Form hat. Man kann entweder ein kleines Stück des Minerals zerstoßen oder es über eine unglasierte Porzellantafel – eine Strichtafel – reiben. Dieses Mittel eignet sich zur Bestimmung von:

Azurit: blaßblau.

Hämatit: rötlichbraun.

Zinkblende: blaß-bräunlichgelb.

Malachit: blaßgrün.

Gediegen Kupfer: grau.

Kupferkies: grünlichschwarz.

Farbe und Strichfarbe sind bei Malachit gleich.

TRANSPARENZ

Es gibt verschiedene Grade der Durchsichtigkeit. Mineralien sind transparent, wenn die Umrisse eines Gegenstands klar durch ein Mineralstück erkennbar sind. Durch halb transparente Mineralien kann man Gegenstände undeutlich erkennen, während durchscheinende Mineralien zwar lichtdurchlässig, aber nicht durchsichtig sind. Undurchsichtige Mineralien lassen auch kein Licht durch.

BRUCH

Wenn ein Mineral glatt und gleichmäßig an bestimmten Flächen bricht, nennt man diese Flächen »Spaltflächen« und numeriert sie mit Millerschen Indizes. Einige Mineralien brechen unregelmäßig, während andere ein ausgeprägtes Bruchmuster aufweisen:

Muschelig: bricht mit konzentrischen Vertiefungen, z. B. Quarz.

Leicht muschelig: wenig ausgeprägte Muschelform, z. B. Turmalin.

Eben: Oberfläche eben, aber leicht rauh, z. B. Baryt.

Uneben: Oberfläche rauh und ungleichmäßig, z. B. Pyroxene.

Hakig: Oberfläche hat scharfe Spitzen, z. B. Eisenglanz.

Erdig: stumpfe, bröckelige Oberfläche, z. B. Brauneisenstein.

HÄRTE

Geprüft wird auch die Härte des Minerals – seine Abriebfestigkeit. Die meisten Mineralien haben eine spezifische Härte, die jedoch leicht variieren kann.

Man bestimmt die Härte, indem man das noch nicht bestimmte Mineral mit einem bekannten Vergleichsmineral aus der Mohsschen Härteskala ritzt. Läßt sich das noch nicht bestimmte Mineral zum Beispiel von

Eine Auswahl von Diamantkristallen. Diamant, die kristalline Form des Karbons, ist die härteste bekannte Substanz.

Härte	Vergleich	Härteprüfung
1	TALK	mit Fingernagel schabbar
2	GIPSSPAT	mit Fingernagel ritzbar
3	KALKSPAT	mit Kupfermünze ritzbar
4	FLUSSPAT	mit Messer leicht ritzbar
5	APATIT	mit Messer noch ritzbar
6	ORTHOKLAS	mit Stahlfeile ritzbar
7	QUARZ	ritzt Fensterglas
8	TOPAS	ritzt Quarz leicht
9	KORUND	ritzt Topas leicht
10	DIAMANT	härteste bekannte Substanz, nicht ritzbar

Quarz ritzen, nicht aber von Apatit, dann hat es den Härtegrad 6.

Die meisten mineralogischen Fachgeschäfte bieten komplette Prüfsätze für die Mohshärte an, die man sich allerdings auch selbst zusammenstellen kann. Einen schönen Kristall sollte man jedoch nicht verderben, indem man seine Oberfläche verkratzt.

TENAZITÄT

Auch die Festigkeit oder Tenazität wird auf ähnliche Weise geprüft und bei Mineralien in folgende Gruppen unterteilt:

Schneidbar: läßt sich leicht mit einem Messer schneiden, z. B. Gips.

Spröde: zerbröckelt unter einem Hammerschlag, z. B. Kalkspat.

Geschmeidig: geschnittene Scheiben lassen sich zu Blättchen flachhämmern, z. B. Kupfer.

Biegsam: läßt sich biegen, ohne zu brechen, z. B. Chrysotil.

SPEZIFISCHES GEWICHT

Die Dichte oder das spezifische Gewicht bezeichnet das Gewicht eines Minerals im Vergleich zum gleichen Volumen Wasser. Ein spezifisches Gewicht über 3 wie bei Flußspat ist bemerkenswert, und ein Mineral wie Bleiglanz mit einem spezifischen Gewicht von 7,6 ist äußerst auffallend.

Bleiglanz (Galenit) hat nicht nur ein hohes spezifisches Gewicht, er ist auch äußerst spröde.

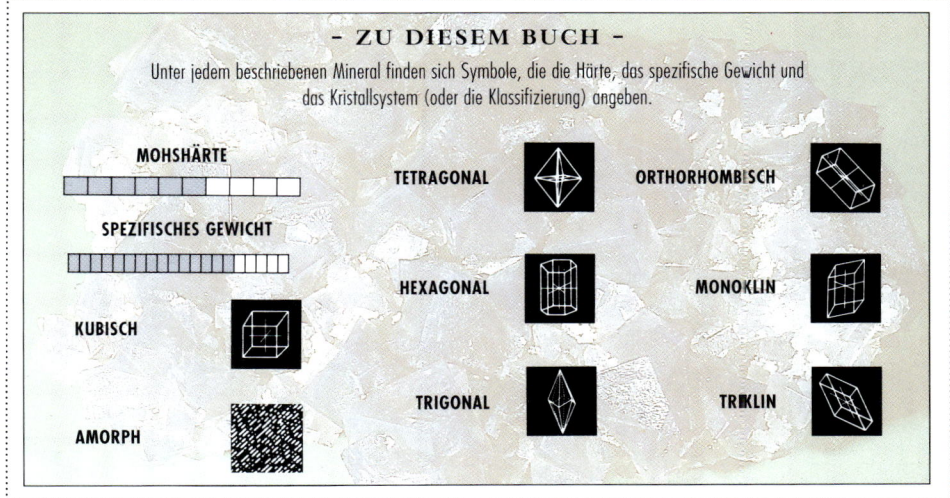

– ZU DIESEM BUCH –

Unter jedem beschriebenen Mineral finden sich Symbole, die die Härte, das spezifische Gewicht und das Kristallsystem (oder die Klassifizierung) angeben.

MOHSHÄRTE

SPEZIFISCHES GEWICHT

KUBISCH

AMORPH

TETRAGONAL

HEXAGONAL

TRIGONAL

ORTHORHOMBISCH

MONOKLIN

TRIKLIN

MINERALIEN BESTIMMEN

GOLD Au
ELEMENTE

MERKMALE Geschmeidigkeit, Farbe, Verbindung mit Pyriten, Bleiglanz und Kupferkies.
FARBE dunkel-goldgelb bis blaßgelb.
GLANZ metallisch.
STRICHFARBE goldgelb bis rötlich.
TRANSPARENZ undurchsichtig.
SPALTBARKEIT keine.
BRUCH hakig.
TENAZITÄT geschmeidig, biegsam.
FORMEN flache Platten, baumartig; Kristalle selten.
VERZWILLINGUNG auf 111.
VARIETÄTEN meist in Verbindung mit Silber; gediegenes Gold hat meist 10 Prozent Silber, Goldsilber hat 38 Prozent Silber und ist daher blaßgelb bis silbrig, während andere Arten bis zu 20 Prozent Kupfer und Palladium enthalten.
VERWENDUNG Einlagerung für Währungsstabilität, Schmuck, Elektronik, Fensterbeschichtung bei Flugzeugen.
VORKOMMEN weltweit meist in Quarzadern und Gängen als Seifengold, aber auch in Erstarrungs-, Metamorph- und Sedimentgestein; besonders im Ural, in Sibirien, in den Alpen, Indien, China, Neuseeland, Queensland, Südafrika (Transvaal), Kolumbien, Mexiko, Yukon, USA (in Gebirgszügen der Weststaaten).

MOHSHÄRTE: 2,5–3   **SPEZIFISCHES GEWICHT:** 15,6–19,33 (Reinform)   **KRISTALLSYSTEM:** kubisch

SILBER Ag
ELEMENTE

MERKMALE Geschmeidigkeit, Farbe und spezifisches Gewicht.
FARBE silbrigweiß.
GLANZ metallisch.
STRICHFARBE silbrigweiß.
TRANSPARENZ undurchsichtig.
SPALTBARKEIT keine.
BRUCH hakig.
TENAZITÄT dehnbar, geschmeidig.
FORMEN verzerrte Kristalle, netzartig, baumartig.
VERZWILLINGUNG keine.
VARIETÄTEN meist in Verbindung mit Gold oder Kupfer.
VERWENDUNG Münzen, Schmuck, Ornamente, Elektronik.
VORKOMMEN gediegenes Silber ist selten und oft mit Silbermineralien verbunden. Norwegen, Mitteleuropa, Australien (Neu-Südwales), Chile, Mexiko, USA (Michigan, Montana, Idaho, Colorado), Kanada (Ontario).

MOHSHÄRTE: 2,5–3   **SPEZIFISCHES GEWICHT:** 10,10–10,50 (Reinform)   **KRISTALLSYSTEM:** kubisch

KUPFER Cu
ELEMENTE

MERKMALE Farbe, Geschmeidigkeit, Dehnbarkeit, Verbindung mit Malachit und anderen Kupfererzen. Löst sich in Salpetersäure auf und entwickelt rote, salpetrige Dämpfe (Vorsicht bei diesem Test!).
FARBE kupferrot.
GLANZ metallisch.
STRICHFARBE metallisch, kupferfarben, glänzend.
TRANSPARENZ undurchsichtig.
SPALTBARKEIT keine.
BRUCH hakig.
TENAZITÄT dehnbar, geschmeidig.
FORMEN gewunden, drahtig, plattig, Kristalle sind selten.

VERZWILLINGUNG auf 111.
VARIETÄTEN Adern, Fäden, Platten, Kristallklumpen.
VERWENDUNG Adern von Elektrokabeln, Elektronik, als Legierung mit Zinn zur Bronzeproduktion und mit Zink zur Messingherstellung.
VORKOMMEN gediegenes Kupfer kommt gewöhnlich sekundär in Kupfererzadern, Sandstein, Kalkstein, Schiefer und in der Umgebung magmatischen Gesteins vor. Rußland, Südwestengland, Australien (Neu-Südwales), Bolivien, Mexiko, USA (Lake-Superior-Gebiet, Arizona, New Mexico).

MOHSHÄRTE: 2,5–3,00

SPEZIFISCHES GEWICHT: 8,8–8,9

KRISTALLSYSTEM: kubisch

SCHWEFEL s
ELEMENTE

MERKMALE gelbe Farbe, brennt und schmilzt leicht mit blauer Flamme, gibt dabei giftige Schwefeldioxyddämpfe ab. Oft mit Ton oder Bitumen verunreinigt.
FARBE hellgelb bis rot oder gelbgrau.
GLANZ harzig.
STRICHFARBE weiß.
TRANSPARENZ durchsichtig bis durchscheinend.
SPALTBARKEIT auf 001, 110, 111.
BRUCH muschelig bis schneidbar.
TENAZITÄT im erhitzten Zustand dehnbar.
FORMEN pyramiden- bis tafelförmig.
VERZWILLINGUNG selten.
VARIETÄTEN keine.
VERWENDUNG zur Produktion von

Schwefelsäure, Schießpulver, Feuerwerkskörpern, Insektiziden und Fungiziden; Vulkanisierung von Gummi, Pharmazie.
VORKOMMEN meist in jungem Sedimentgestein, oft in Ton in Verbindung mit Bitumen. Häufig als kleine Kristalle in der Umgebung von Fumarolen auf Vulkanen. Sizilien (große Kristalle mit Gips- und Kalkspat), USA (vorwiegend in Louisiana und Texas, aber auch an Fumarolen im Yellowstone Park, der Bleimine Sulphur Bank in Kalifornien und in vielen anderen Staaten).

MOHSHÄRTE: 1,5–2,5

SPEZIFISCHES GEWICHT: 2,05–2,09

KRISTALLSYSTEM: orthorhombisch

DIAMANT c
ELEMENTE

MERKMALE Diamantglanz und extreme Härte.
FARBE farblos, weiß oder gelb (selten), orange, blau oder grün.
GLANZ Diamant- bis Fettglanz.
STRICHFARBE keine.
TRANSPARENZ durchsichtig, aber auch durchscheinend bis undurchsichtig.
SPALTBARKEIT vollkommen auf 111.
BRUCH muschelig.
TENAZITÄT nicht anwendbar.
FORMEN oktaedrale und komplexere Kristalle, auch kugelig und massiv.
VERZWILLINGUNG meist auf 111.
VARIETÄTEN keine.
VERWENDUNG als Schmuckstein, für Schleif- und Schneidgeräte und Bohrer; außerdem für das Schleifen von Edelsteinen.
VORKOMMEN vorwiegend in Schwemmkies, Ton und Kimberlit (einer Art Peridotit, der sich unter hohem Druck bildet). Der größte bislang gefundene Diamant war der Cullinan mit 3025 Karat und etwa 0,6 kg. Er wurde mittlerweile in 105 Steine geschnitten, darunter der derzeit größte existierende geschliffene Stein mit 516 Karat. Südafrika, Indien, Ural, USA (Georgia und Carolina).

MOHSHÄRTE: 10 – härteste bekannte Substanz   **SPEZIFISCHES GEWICHT:** 3,516–3,525   **KRISTALLSYSTEM:** kubisch

GRAPHIT c
ELEMENTE

MERKMALE silbrigschwarze Farbe mit graphitschwarzem Strich. Sehr weich, fühlt sich fettig an und färbt bei Berührung ab.
FARBE stahlschwarz bis grau.
GLANZ metallisch, matt, erdig.
STRICHFARBE schwarz.
TRANSPARENZ undurchsichtig.
SPALTBARKEIT zur Basis vollkommen.
BRUCH außerhalb der Spaltrichtung uneben und rauh.
TENAZITÄT nicht anwendbar.
FORMEN tafelige Kristalle, sechsseitig; blättrige Aggregate, körnige bis dichte Klumpen.
VERZWILLINGUNG keine.
VARIETÄTEN keine.
VERWENDUNG Bleistiftminen, Graphitschmiermittel, Farben, Schmelztiegel für hohe Temperaturen, Elektroden.
VORKOMMEN in Gneis, Schiefer, Kalkstein und Quarzit. Sibirische Gneise, ceylonesischer Granulit, finnischer Kalkstein, Mexiko, USA (Adirondack Quarzite und Gneise, Kalkstein von Rhode Island, Pennsylvania, Montana, New Mexico).

MOHSHÄRTE: 1,0–2,0   **SPEZIFISCHES GEWICHT:** 2,09–2,23   **KRISTALLSYSTEM:** trigonal

KORUND Al_2O_3
OXIDE

MERKMALE Härte, Form, Verbindung mit kristallinem Gestein und Gneisen.
FARBE unterschiedlich, meist braun bis grau, aber auch weiß, rot, blau und verschiedene Gelbtöne.
GLANZ diamanten bis glasig.
STRICHFARBE gleich der Farbe, meist weiß.
TRANSPARENZ durchsichtig bis durchscheinend oder undurchsichtig.
SPALTBARKEIT spaltbar auf 0001.
BRUCH im allgemeinen uneben, manchmal auch muschelig.
TENAZITÄT spröde
FORMEN tonnenförmig hexagonal, rhombische Kristalle oft auf 0001 abgestumpft.
VERZWILLINGUNG auf 1011; gelegentlich einander durchdringend.
VARIETÄTEN Saphir, blau; Rubin, rot; orientalischer Topas, gelb; orientalischer Amethyst, purpurn; sowie matte, undurchsichtige Varietäten und körniger Korund mit Magnetit und Ilmenit.
VERWENDUNG bei transparenter Qualität als Schmuckstein, sonst für Schleifmittel und Schmirgelpapier.
VORKOMMEN in kristallinem Gestein, kristallinem Schiefer, Gneis. Myanmar (Burma), Kambodscha, Indien, Japan, Ural, Schweiz, Griechenland, Madagaskar, Südafrika, USA (New York, New Jersey, Pennsylvania, Carolina, Georgia, Montana), Kanada (Ontario).

- VARIETÄTEN -

Rubin

Saphir

MOHSHÄRTE: 9

SPEZIFISCHES GEWICHT: 3,95–4,10

KRISTALLSYSTEM
hexagonal
(rhomboedrisch)

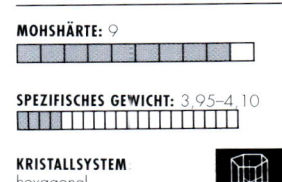

HÄMATIT Fe_2O_3
OXIDE

MERKMALE Strich, Farbe, Form, Dichte.
FARBE metallisch grau bis erdig rot.
GLANZ metallisch bis schimmernd.
STRICHFARBE leuchtend rot bis indisch-rot.
TRANSPARENZ undurchsichtig.
SPALTBARKEIT keine.
BRUCH uneben bis leicht muschelig.
TENAZITÄT spröde, in dünnen Platten jedoch elastisch.
FORMEN tafelige bis dicke Kristalle.
VERZWILLINGUNG durchwachsend auf 0001 und 01$\bar{1}$2.
VARIETÄTEN Eisenglanz mit schimmernd tafeligen Kristallen, oft in glitzernden Klumpen; Blutstein mit dichter, faseriger Form, häufig als Schmuckstein verwendet;

Roter Glaskopf, traubenförmige Klumpen, die an Nieren erinnern; Roteisenstein mit dunkel rotbraunen Klumpen, oft in Sedimentgestein.
VERWENDUNG wichtiges Eisenerz.
VORKOMMEN weit verbreitet. Ural, Rumänien, Österreich, Deutschland, Schweiz, Frankreich, Italien, Großbritannien, Himmelfahrtsinsel, Brasilien, USA (Michigan, Wisconsin, Minnesota, Wyoming, New York, Colorado), Kanada (Nova Scotia, Neufundland).

MOHSHÄRTE: 5,5–6,5	SPEZIFISCHES GEWICHT: 4,9–5,3	KRISTALLSYSTEM: trigonal (rhomboedrisch)

SPINELL $MgAl_2O_4$ bis $MgO.Al_2O_3$
OXIDE

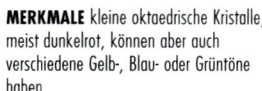

MERKMALE kleine oktaedrische Kristalle, meist dunkelrot, können aber auch verschiedene Gelb-, Blau- oder Grüntöne haben.
FARBE unterschiedlich, meist rot, aber auch gelb, blau, grün, braun und schwarz.
GLANZ glasig.
STRICHFARBE weiß.
TRANSPARENZ durchsichtig bis durchscheinend.
SPALTBARKEIT schlecht auf 111.
BRUCH muschelig, aber schwer zu erkennen.
TENAZITÄT spröde.
FORMEN oktaedrisch, manchmal abgerundet; selten kubisch.

VERZWILLINGUNG verbreitet auf 111.
VARIETÄTEN Rubinspinell, mittelrot; Pleonast, dunkelgrün bis braun oder schwarz; Chromitspinell, grün bis dunkelgelb.
VERWENDUNG transparente Kristalle erlesener Farbe werden als Schmucksteine verwendet.
VORKOMMEN in Edelsteinbrüchen in Verbindung mit Rubinen, Kalkstein und Tiefengestein wie Peridotit. Ceylon, Myanmar, Italien, Schweden, Madagaskar, USA (New York, New Jersey, North Carolina), Kanada (Ontario, Quebec, Ottawa).

MOHSHÄRTE: 8,0	SPEZIFISCHES GEWICHT: 3,5–4,0	KRISTALLSYSTEM: kubisch

MAGNETIT *Fe''Fe'''$_2$O$_4$ bis FeO.Fe$_2$O$_3$*

OXIDE

MERKMALE schwer, magnetisch, oft mit Nord- und Südpol.
FARBE schwarz.
GLANZ metallisch.
STRICHFARBE schwarz.
TRANSPARENZ undurchsichtig.
SPALTBARKEIT unvollkommen.
BRUCH uneben.
TENAZITÄT spröde.
FORMEN oktaedrisch, dicht bis feinkörnig.
VERZWILLINGUNG auf 111.
VARIETÄTEN Magneteisenstein, stark magnetisch mit Nord- und Südpol.
VERWENDUNG Eisenerz.

VORKOMMEN in den meisten magmatischen Gesteinen zu finden, vor allem in Tiefengestein, schwarzem Sand, Serpentin und metamorphen Gesteinen. Schweden und Norwegen (größte Vorkommen der Welt), Sibirien, Australien, Europa, Brasilien, USA (New York, New Jersey, Pennsylvania, Arkansas, Utah), Kuba, Kanada (Ontario, Quebec).

MOHSHÄRTE: 5,5–6,5

SPEZIFISCHES GEWICHT: 5,17–5,18

KRISTALLSYSTEM: kubisch

CHROMIT *FeCr$_2$O$_4$ bis FeO.Cr$_2$O$_3$*

OXIDE

MERKMALE Strichfarbe, schwach magnetisch.
FARBE schwarz.
GLANZ leicht metallisch.
STRICHFARBE braun.
TRANSPARENZ undurchsichtig.
SPALTBARKEIT keine.
BRUCH uneben bis rauh.
TENAZITÄT spröde.
FORMEN oktaedrisch, massiv bis körnig.
VERZWILLINGUNG keine.
VARIETÄTEN keine.
VERWENDUNG Chrom-Erz, zum Härten von Stahl, zur Verchromung und für Chrompigmente.

VORKOMMEN: in Peridotit und Serpentin, oft in Verbindung mit Magnetit. Ural, Österreich, Deutschland, Frankreich, Großbritannien, Südafrika, Iran, USA (New Jersey, Pennsylvania, North Carolina, Kalifornien), Kanada (Neufundland).

MOHSHÄRTE: 5,5

SPEZIFISCHES GEWICHT: 4,1–4,9

KRISTALLSYSTEM: kubisch

RUTIL *TiO₂*
OXIDE

MERKMALE leuchtend metallisch kupferfarbene bis rötlichbraune nadelige Kristalle in Quarzkristallen oder dunklere, kompakte Aggregate in saurem bis intermediärem kristallinem Gestein. Manchmal in Kalkstein, abgelagert von mineralisierenden Flüssigkeiten. Transparente Arten haben Diamantglanz, viele andere sind undurchsichtig. Hat eine blaßbraune Strichfarbe.
FARBE kupferfarben bis rötlichbraun.
GLANZ metallisch bis diamanten.
STRICHFARBE blaßbraun.
TRANSPARENZ durchsichtig bis undurchsichtig.
SPALTBARKEIT auf 110 und 100.
BRUCH leicht muschelig bis uneben.
TENAZITÄT spröde.

FORMEN oft als prismatische nadelige Kristalle in Quarz; gelegentlich derb bis dicht.
VERZWILLINGUNG auf 101, manchmal mit komplexer Kniebildung.
VARIETÄTEN gemeines Rutil ist braunrot bis schwarz, eisenhaltiges Rutil schwarz, während chromhaltiges Rutil grün ist.
VERWENDUNG Titanerz; zur Herstellung von Gegenständen hoher Festigkeit.
VORKOMMEN in saurem bis intermediärem kristallinem Gestein. Österreich, Schweiz, Frankreich, Norwegen, Australien, Brasilien, USA (Vermont, Massachusetts, Connecticut, New York, Virginia, Georgia, Carolina, Arkansas).

MOHSHÄRTE: 6,0–6,5 | **SPEZIFISCHES GEWICHT:** 4,18–4,25 | **KRISTALLSYSTEM:** tetragonal

PYROLUSIT *MnO₂*
OXIDE

MERKMALE Härte und Strichfarbe.
FARBE eisenschwarz bis dunkel stahlgrau.
GLANZ metallisch.
STRICHFARBE wie Farbe.
TRANSPARENZ undurchsichtig.
SPALTBARKEIT auf 100 und 011.
BRUCH rauh.
TENAZITÄT spröde.
FORMEN meist dendritisch, körnig bis massiv.
VERZWILLINGUNG keine.
VARIETÄTEN Kristalle, massive Aggregate und die sehr reine Form „Polianit".
VERWENDUNG Manganerz, zum Färben von Glas, bei der Aufbereitung von Chlor, Brom und Sauerstoff.

VORKOMMEN: durch zirkulierende Flüssigkeiten konzentriert als Sekundärerzgänge, oft in Ton und Schluffablagerungen. Brasilien, Kuba, Deutschland, Indien, Ural, USA (Arkansas, Georgia, Virginia, Minnesota, Tennessee, in geringerem Maße auch in anderen Bundesstaaten).

MOHSHÄRTE: 2,0–2,5 | **SPEZIFISCHES GEWICHT:** 4,73–4,86 | **KRISTALLSYSTEM:** tetragonal

KASSITERIT $SnO_2.l$
OXIDE

MERKMALE Härte, Farbe, Form und spe-
zifisches Gewicht.
FARBE braun bis schwarz.
GLANZ schimmernd.
STRICHFARBE weiß bis bräunlich.
TRANSPARENZ fast durchsichtig bis
undurchsichtig.
SPALTBARKEIT unvollkommen auf 100.
BRUCH leicht muschelig bis rauh.
TENAZITÄT spröde.
FORMEN massiv, pyramidenförmig und
prismatisch.
VERZWILLINGUNG durchwachsend, oft
auf 101; auch knieförmige Zwillinge.

VARIETÄTEN Nadelzinn, kristallin und
massiv; Holzzinn, glaskopfig und faserig;
Krötenstein, ähnlich wie Holzzinn, aber
kleiner; Seifenzinn in Sandform, vermischt
mit anderen Mineralien und Steinkies.
VERWENDUNG Zinnerz.
VORKOMMEN meist in Granit und Peg-
matiten; oft in Verbindung mit Flußspat,
Apatit, Topas und Wolframit, abgelagert
aus mineralisierenden Lösungen. Malaysia,
Indonesien, Bolivien, Kongo, Mexiko, Eng-
land, Osteuropa, USA (Kalifornien, South
Carolina, South Dakota, New Hampshire,
Maine, New Mexico, Texas).

MOHSHÄRTE: 6–7

SPEZIFISCHES GEWICHT: 6,4–7,1

KRISTALLSYSTEM:
tetragonal

BAUXIT $Al_2O_3.2H_2O$
HYDROXIDE

MERKMALE massiv, rot bis rötlichgelb,
erdig und amorph.
FARBE Rot- bis Gelbtöne, gelegentlich
weiß.
GLANZ erdig.
STRICHFARBE rötlich.
TRANSPARENZ undurchsichtig.
SPALTBARKEIT keine.
BRUCH erdig.
TENAZITÄT nicht anwendbar.
FORMEN meist in rötlichen erdigen
Klumpen, z. T. auch feinkörnig.
VERZWILLINGUNG keine.
VARIETÄTEN Verwachsungen von
Körnern, lehmige oder erdige Klumpen.

VERWENDUNG vorwiegend als Alumi-
niumerz und zur Keramikherstellung.
VORKOMMEN entstanden aus Verwitte-
rung von Aluminiumgestein in tropischem
Klima, abgelagert als Kolloid.
Frankreich, Deutsch-
land, Rumänien,
Italien, Venezuela,
USA (Arkansas,
Georgia, Alabama,
Missouri).

MOHSHÄRTE: nicht anwendbar

SPEZIFISCHES GEWICHT: 2,5

KRISTALLSYSTEM:
kolloid

BRAUNEISENSTEIN $2Fe_2O_3.3H_2O$
(LIMONIT) HYDROXIDE

MERKMALE ockergelb, erdig, amorph.
FARBE dunkel ockergelb bis braun und schwarz.
GLANZ erdig, matt.
STRICHFARBE ockergelb.
TRANSPARENZ undurchsichtig.
SPALTBARKEIT keine.
BRUCH erdig.
TENAZITÄT nicht anwendbar.
FORMEN kompakte bis stalaktitische und glaskopfige ockerfarbene erdige Klumpen.
VERZWILLINGUNG keine.
VARIETÄTEN Sumpferz, das in Sumpfgebieten vorkommt und versteinerte Pflanzenteile enthält; Raseneisenerz mit Nestern und Verwachsungen, meist in Sandstein zu finden.

VERWENDUNG für Farbpigmente und Eisenerz.
VORKOMMEN nach Verwitterung stark eisenhaltiger Mineralien in Oberflächennähe abgelagert. Weltweit, vor allem aber in Kanada (Nova Scotia), gesamte USA.

MOHSHÄRTE: 5,0–5,5

SPEZIFISCHES GEWICHT: 3,5–4,0

KRISTALLSYSTEM: rhombisch

AURIPIGMENT As_2S_3
(RAUSCHGELB) SULFIDE

MERKMALE zitronengelb, oft mit feinen orangen Streifen, entwickelt Glanz und Elastizität in dünnen Platten. In geschlossenem Röhrchen erhitzt, entsteht eine dunkelrote Flüssigkeit, die sich nach dem Erkalten gelb färbt. *Achtung: Arsentrisulfid ist giftig!*
FARBE zitronen- bis mittelgelb.

GLANZ Perl- bis Harzglanz.
STRICHFARBE blasser als die Eigenfarbe.
TRANSPARENZ fast durchsichtig bis durchscheinend.
SPALTBARKEIT vollkommen auf 010 und riefig.
BRUCH rauh.
TENAZITÄT schneidbar.

FORMEN massiv und blättrig, die winzigen Kristalle sind nur schwer erkennbar.
VERZWILLINGUNG keine.
VARIETÄTEN keine.
VERWENDUNG als Farbpigment und zur Enthaarung von Tierhäuten.
VORKOMMEN oft in Begleitung des giftigen Arsensulfids Realgar (Rauschrot). Tschechien, Slowakien, Rumänien, Japan, USA (Utah, Nevada, Yellowstone Park).

MOHSHÄRTE: 1,5–2

SPEZIFISCHES GEWICHT: 3,4–3,5

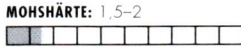

KRISTALLSYSTEM: monoklin

ZINNOBER *HgS*
(CINNABARIT) SULFIDE

MERKMALE Farbe und Strich, hohes spezifisches Gewicht und Weichheit. In einem geschlossenen Röhrchen erhitzt, bilden sich Quecksilberkügelchen, die sich am Rand absetzen.
FARBE koschenillenrot bis bräunlichrot.
GLANZ diamanten bis matt.
STRICHFARBE scharlachrot.
TRANSPARENZ durchsichtig bis undurchsichtig.
SPALTBARKEIT vollkommen auf $10\bar{1}0$.
BRUCH uneben bis leicht muschelig.
TENAZITÄT nicht anwendbar.
FORMEN rhomboedrisch bis tafelförmig im Habitus; auch körnig und dicht.
VERZWILLINGUNG durchwachsend.

VARIETÄTEN keine.
VERWENDUNG einziges verbreitetes Quecksilbererz.
VORKOMMEN Rußland, Rest-Jugoslawien (bei Belgrad), Tschechien, Slowakien, Bayern (gute Kristalle!), Italien, Spanien, Peru, China, USA (Kalifornien, Nevada, Utah, Oregon).

MOHSHÄRTE: 2,0–2,5

SPEZIFISCHES GEWICHT: 8,0–8,2

KRISTALLSYSTEM:
hexagonal (trigonal)

ANTIMONIT *Sb₂S₃*
(ANTIMONGLANZ, STIBNIT) SULFIDE

MERKMALE Farbe, Weichheit, Spaltbarkeit. In einem Röhrchen erhitzt, bilden sich Schwefeldioxid und Antimonoxiddämpfe, die als weißes Puder kondensieren.
FARBE stahlgrau bis mattgrau, oft schwarz irisierend angelaufen.
GLANZ metallisch; auf frischen Kristallflächen schimmernd.
STRICHFARBE wie Farbe.
TRANSPARENZ undurchsichtig.
SPALTBARKEIT vollkommen auf 010, weniger auf 001.
BRUCH kleinmuschelig.
TENAZITÄT etwas schneidbar.
FORMEN Gruppen radialstrahliger, langsäuliger Kristalle; auch massiv und körnig.
VERZWILLINGUNG keine.
VARIETÄTEN Metastibnit, eine erdige, rötliche Ablagerung, die in Steamboat Springs, Nevada, USA, zu finden ist.

VERWENDUNG wichtiges Antimonerz.
VORKOMMEN meist in Quarzgängen, aber auch in kristallinem Schiefer und Kalkstein. China, Algerien, Mexiko, Deutschland, Rumänien, Italien, Borneo, Peru, USA (selten in Kalifornien und Nevada).

MOHSHÄRTE: 2,0

SPEZIFISCHES GEWICHT: 4,562–4,62

KRISTALLSYSTEM:
orthorhombisch

MOLUBDÄNGLANZ MoS₂

(MOLUBDÄNIT) SULFIDE

MERKMALE weich, biegsam, silbrig, blättrige Schuppen, fühlt sich fettig an. In einem Röhrchen erhitzt, bilden sich Schwefeldämpfe und ein blaßgelbes Sublimat.
FARBE silbrig bleigrau.
GLANZ metallisch.
STRICHFARBE grau bis grüngrau.

TRANSPARENZ undurchsichtig.
SPALTBARKEIT zur Basis hin vollkommen auf 0001.
BRUCH nicht anwendbar.
TENAZITÄT biegsam, aber nicht elastisch.
FORMEN tafelige Prismen, oft kurz und verjüngt und häufig blättrig oder massiv.
VERZWILLINGUNG keine.

VARIETÄTEN keine.
VERWENDUNG wichtigstes Molybdänerz.
VORKOMMEN in Granitpegmatit und Quarzadern, auch in Syenit und Gneis. Norwegen, Großbritannien, Australien (Queensland), Namibia, USA (New Hampshire, Connecticut, Pennsylvania, Washington).

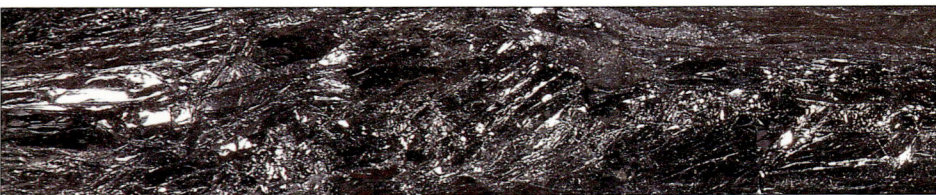

MOHSHÄRTE: 1,0–1,5

SPEZIFISCHES GEWICHT: 4,7–4,8

KRISTALLSYSTEM: hexagonal

BLEIGLANZ PbS

(GALENIT) SULFIDE

MERKMALE kubische Kristallform, Spaltbarkeit, Farbe, hohes spezifisches Gewicht.
FARBE bleigrau, oft silbrig.
GLANZ metallisch, schimmernd.
STRICHFARBE bleigrau.
TRANSPARENZ undurchsichtig.
SPALTBARKEIT vollkommen auf 100, 010 und 001.
BRUCH nach dem Würfel flach bis eben.
TENAZITÄT nicht anwendbar.
FORMEN vorwiegend Würfel, tafelig, manchmal skelettartige Kristalle.
VERZWILLINGUNG auf 111, verbreitet durchwachsene und verwachsene Zwillinge.
VARIETÄTEN keine.
VERWENDUNG wichtigstes Bleierz und bedeutender Silberträger.

VORKOMMEN durch hydrothermale Aktivität mineralisierender Flüssigkeiten verbreitet in Lagerstätten und Adern; in Kalkstein, Dolomitgestein, Granit und anderen kristallinen Gesteinen zu finden, häufig begleitet von Zinkblende, Pyrit, Kalkspat und Quarz. Frankreich, Österreich, Großbritannien, Australien, Chile, Peru, USA (ausgedehnte Lagerstätten in Missouri, Illinois, Iowa sowie in geringerem Umfang in vielen anderen Bundesstaaten).

MOHSHÄRTE: 2,5–2,75

SPEZIFISCHES GEWICHT: 7,4–7,6

KRISTALLSYSTEM: kubisch

ZINKBLENDE ZnS
(SPHALERIT) SULFIDE

MERKMALE Harzglanz, Farbe, oft begleitet von Bleiglanz, Pyrit, Quarz, Kalkspat, Baryt und Fluorit.
FARBE matt gelbbraun bis schwarz, auch grünlich bis weiß, in Reinform jedoch fast farblos.
GLANZ Harz- und Diamantglanz.
STRICHFARBE blaßbraun bis hellgelb.
TRANSPARENZ durchsichtig bis durchscheinend.
SPALTBARKEIT vollkommen auf 110.
BRUCH muschelig.
TENAZITÄT nicht anwendbar.
FORMEN dodekaedrisch, massiv bis körnig, manchmal amorph.
VERZWILLIGUNG verbreitet auf 111.

VARIETÄTEN keine.
VERWENDUNG wichtigstes Zinkerz.
VORKOMMEN kann in den meisten Gesteinen in Adern vorkommen, begleitet von Bleiglanz, Pyrit, Quarz und Kalkspat. Rumänien, Italien (Toskana), Schweiz, Spanien, Großbritannien, Schweden, Mexiko, Kanada, USA (Missouri, Colorado, Montana, Wisconsin, Idaho und Kansas).

Zinkblende auf Bleiglanz

MOHSHÄRTE: 3,5–4,0	SPEZIFISCHES GEWICHT: 3,9–4,1	KRISTALLSYSTEM: kubisch

KUPFERKIES CuFeS₂
(CHALKOPYRIT) SULFIDE

MERKMALE ähnlich wie Pyrit, aber dunkler und oft irisierend; gewöhnlich derb, spröde; in Salpetersäure löslich.
FARBE wie angelaufenes Messinggold, oft irisierend.
GLANZ metallisch.
STRICHFARBE grünschwarz.
TRANSPARENZ undurchsichtig.
SPALTBARKEIT unterschiedlich auf 201.
BRUCH uneben.
TENAZITÄT nicht anwendbar.
FORMEN gewöhnlich derb, manchmal abgerundet. Kristalle weniger häufig als bei Pyrit.
VERZWILLIGUNG auf 111 oder 101.
VARIETÄTEN keine.
VERWENDUNG wichtigstes Kupfererz.

VORKOMMEN metallhaltige Adern in Granit, Gneis und Schiefer; oft begleitet von Buntkupferkies, Malachit, Azurit und Quarz. Deutschland, Italien, Frankreich, Großbritannien, Spanien, Schweden, Südamerika, Australasien, USA (New York, Pennsylvania, Missouri, Colorado), Namibia.

MOHSHÄRTE: 3,5–4,0	SPEZIFISCHES GEWICHT: 4,1–4,3	KRISTALLSYSTEM: tetragonal (pseudokubisch)

PYRIT *FeS₂*

(SCHWEFELKIES) SULFIDE

MERKMALE glitzernde bis metallische messinggoldene Würfel und Pentagon-dodekaeder mit grünlichschwarzem Strich.
FARBE blaß-messinggolden.
GLANZ metallisch bis glitzernd.
STRICHFARBE grünlichschwarz bis braunschwarz.
TRANSPARENZ undurchsichtig.
SPALTBARKEIT unvollkommen auf 100 und 111.
BRUCH meist uneben, manchmal muschelig.
TENAZITÄT nicht anwendbar.
FORMEN Würfel, Pentagondodekaeder; oft miteinander verwachsen, dicht, radial-strahlig, körnig, kugelig und stalaktitisch.

VERZWILLINGUNG einander durchwachsende Zwillinge verbreitet auf 110.
VARIETÄTEN keine.
VERWENDUNG Träger von Gold und Kupfer, das es in geringen Mengen enthält; Rohstoff für die Produktion von Schwefel, Schwefelsäure und Eisenvitriol.
VORKOMMEN weltweit – das verbreitetste Sulfid. Tschechien, Slowakien, Schweiz, Italien (bis zu 16 cm große Kristalle), Spanien, Großbritannien, USA (New York, Pennsylvania, Illinois, Colorado, geringere Vorkommen auch in anderen Bundesstaaten).

MOHSHÄRTE: 6,0–6,5	SPEZIFISCHES GEWICHT: 4,95–4,97	KRISTALLSYSTEM: kubisch

ARSENKIES *FeAsS bis FeS₂.FeAs₂*

(ARSENOPYRIT) SULFIDE

MERKMALE Farbe, Strichfarbe. Im offenen Röhrchen erhitzt, bilden sich Schwefeldämpfe und ein weißes Sublimat aus Arsentrioxid.
FARBE silbrig zinnweiß bis eisengrau.
GLANZ metallisch.
STRICHFARBE schwarz bis dunkelgrau.
TRANSPARENZ undurchsichtig.
SPALTBARKEIT gut auf 110.
BRUCH uneben.
TENAZITÄT spröde.
FORMEN prismatische Kristalle, oft abgeflacht; körnig.
VERZWILLINGUNG auf 110, gelegentlich auf 101.
VARIETÄTEN keine.

VERWENDUNG wichtigstes Arsenerz.
VORKOMMEN als mineralische Adern in Granit und Begleitgestein, begleitet von Zinnstein, Wolframit, Zinkblende und Bleiglanz. Auch in Kalkstein, Dolomitgestein und häufig begleitet von Gold. Österreich, Deutschland, Schweiz, Schweden, Großbritannien, Bolivien, Kanada, USA (New Hampshire, Connecticut, Montana und Colorado).

MOHSHÄRTE: 5,5–6,0	SPEZIFISCHES GEWICHT: 5,9–6,2	KRISTALLSYSTEM: orthorhombisch

PROUSTIT Ag_3AsS_3
SULFIDE

MERKMALE Farbe, Strichfarbe, schmilzt beim Erhitzen in einem geschlossenen Röhrchen, setzt Schwefeldämpfe frei und hinterläßt ein weißes Sublimat aus Arsentrioxid.
FARBE dunkelrot bis zinnoberrot.
GLANZ diamanten.
STRICHFARBE wie Farbe.
TRANSPARENZ durchsichtig bis durchscheinend.
SPALTBARKEIT gut auf $10\overline{1}1$.
BRUCH uneben bis muschelig.
TENAZITÄT spröde.
FORMEN keine.
VERZWILLINGUNG auf $10\overline{1}4$ und 1011.
VARIETÄTEN keine.

VERWENDUNG Mineraliensammlungen.
VORKOMMEN in hydrothermalen Silberadern, begleitet von Bleiglanz und Zinkblende. Tschechien, Slowakien, Deutschland, Frankreich, Chile, Mexiko, USA (sehr selten).

MOHSHÄRTE: 2,0–2,5

SPEZIFISCHES GEWICHT: 5,57–5,64

KRISTALLSYSTEM:
trigonal

HALIT $NaCl$
(STEINSALZ) HALOGENIDE

MERKMALE Geschmack – es handelt sich um die natürliche Form des Speisesalzes –, Löslichkeit, Spaltbarkeit. *Achtung:* Fundstücke absorbieren Luftfeuchtigkeit und schmelzen, wenn man sie nicht in einem versiegelten Behälter aufbewahrt.
FARBE farblos, weiß bis gelblichbraun oder in Graublauschattierungen.
GLANZ glasig.
STRICHFARBE wie Farbe.
TRANSPARENZ durchsichtig bis durchscheinend.
SPALTBARKEIT vollkommen auf 100.
BRUCH muschelig.
TENAZITÄT spröde.
FORMEN Würfel, oft mit eingesunkenen Kristallflächen, derb, körnig und dicht.

VERZWILLINGUNG durchwachsend.
VARIETÄTEN keine.
VERWENDUNG Hauptrohstoff des Speisesalzes, aber auch zur Herstellung von Natriumverbindungen, Glas und Seife.
VORKOMMEN weltweit als Hauptbestandteil des Meerwassers. Verbreitet als Schichtlagerstätten von bis zu 30 m Dicke in Sedimentgestein. Unter Druck kann das Salz nach oben strömen und an der Oberfläche riesige Salzdome bilden. Südostrußland, Polen, Österreich, Deutschland, Schweiz, Frankreich, Großbritannien, Iran, Indien, Peru, Kolumbien, USA (New York, Wyoming, Michigan, Ohio, Louisiana, Kansas, Arizona, Nevada), Kanada (Ontario).

MOHSHÄRTE: 2,5

SPEZIFISCHES GEWICHT: 2,1–2,6

KRISTALLSYSTEM:
kubisch

FLUORIT CaF₂

(FLUSSPAT) HALOGENIDE

MERKMALE ausgezeichnete Würfelform, Spaltbarkeit und manchmal Streifen.

FARBE sehr verschieden; in Reinform farblos, aber auch in allen Schattierungen von Blau, Gelb, Grün, oft gestreift, zu finden.

GLANZ glasig.

STRICHFARBE weiß.

TRANSPARENZ durchsichtig bis fast durchsichtig.

SPALTBARKEIT vollkommen auf 111.

BRUCH muschelig bis eben.

TENAZITÄT spröde.

FORMEN Würfel und körnige, dichte, kompakte Formen, oft mit ausgeprägter Streifenbildung.

VERZWILLINGUNG durchwachsend auf 111.

VARIETÄTEN Blue John, eine gestreifte, blaue, faserige bis säulenförmige Spielart, die für Ornamente und Schmuck verwendet wird.

VERWENDUNG als Flußmittel in der Stahlindustrie, zum Emaillieren, für Opalglas, zur Herstellung von Flußsäure und für Ornamente und Schmuck.

VORKOMMEN meist in mineralischen Adern, begleitet von Bleiglanz, Zinkblende, Kalkspat und Quarz, vor allem in Kalkstein. Als winzige Kristalle auch in Granit. Großbritannien (einziger Fundort von Blue John), Deutschland, Österreich, Italien, Frankreich, Norwegen, USA (New Hampshire, Connecticut, Virginia, Kentucky, Missouri, Colorado), Kanada (Ontario).

MOHSHÄRTE: 4

SPEZIFISCHES GEWICHT: 3,01–3,25

KRISTALLSYSTEM:
kubisch

- VARIETÄTEN -

Blue John

DOLOMITSPAT $CaMg(CO_3)_2$ bis $CaCO_3.MgCO_3$
(DOLOMIT) KARBONATE

MERKMALE weiße bis blaß bräunliche, sattelförmige Kristalle, die auf verdünnte, warme Salzsäure reagieren (Vorsicht bei diesem Test!)

FARBE in Reinform weiß, sonst bräunlich bis rötlichbraun oder grünlich bis rot, grau und schwarz.

GLANZ Glas- bis Perlglanz.

STRICHFARBE wie Farbe.

TRANSPARENZ durchscheinend (durchsichtige Form ist selten).

SPALTBARKEIT vollkommen auf $10\bar{1}1$.

BRUCH leicht muschelig.

TENAZITÄT spröde.

FORMEN rhomboedrische oder gekrümmte, sattelartige Kristalle; körnig bis massiv (oft voller winziger Risse).

VERZWILLINGUNG auf 0001 und $10\bar{1}1$.

VARIETÄTEN keine.

VERWENDUNG Ziersteine für den Hausbau, Zementherstellung, Hochofenfutter.

VORKOMMEN massiver Dolomit entsteht, wenn Magnesium das Kalzium im Kalkstein ersetzt. Tschechien, Slowakien, Österreich, Deutschland, Schweiz, Italien, Spanien, England, Brasilien, Mexiko, USA (Vermont, New Mexico, New Jersey, North Carolina).

MOHSHÄRTE: 3,5–4,0 **SPEZIFISCHES GEWICHT:** 3,0 **KRISTALLSYSTEM:** trigonal **(rhomboedrisch)**

RHODOCHROSIT $MnCO_3$
(MANGANSPAT, HIMBEERSPAT) KARBONATE

MERKMALE rosarote, rhomboedrische Kristalle in Mineraladern, wenn er als Sekundärmineral vorkommt.

FARBE blaßrosa bis dunkelrot, obwohl es auch gelblichgraue Formen gibt.

GLANZ Glas- bis Perlglanz.

STRICHFARBE weiß.

TRANSPARENZ durchsichtig bis durchscheinend.

SPALTBARKEIT vollkommen auf $10\bar{1}1$.

BRUCH uneben.

TENAZITÄT spröde.

FORMEN rhomboedrisch, aber auch derb, dicht, körnig und glaskopfig.

VERZWILLINGUNG keine.

VARIETÄTEN keine.

VERWENDUNG Mineraliensammlungen.

VORKOMMEN häufig in Mangan als Sekundärmineral begleitet von Blei- und Kupferadern. Recht seltenes Mineral. Rumänien, Großbritannien, Deutschland, USA (Connecticut, New Jersey, Michigan, Montana, Colorado).

MOHSHÄRTE: 3,5–4,5 **SPEZIFISCHES GEWICHT:** 3,5–3,6 **KRISTALLSYSTEM:** rigonal

CALCIT CaCO₃

(KALKSPAT) KARBONATE

MERKMALE schäumt in verdünnter Salzsäure (Vorsicht!). Hervorragende Spaltbarkeit in zwei Richtungen läßt das Mineral in vollkommene Rhomboeder brechen; fluoresziert unter ultraviolettem Licht; Doppelbrechung bei durchsichtigen Formen.

FARBE farblos bis weiß; bei Verunreinigungen alle Farbkombinationen bis hin zu schwarz möglich.

GLANZ glasig bis erdig.

STRICHFARBE weiß bis grau.

TRANSPARENZ durchscheinend bis undurchsichtig.

SPALTBARKEIT vollkommen auf $10\overline{1}1$, ergibt rhomboedrische Fragmente.

BRUCH wegen hervorragender Spaltbarkeit schwer zu erzielen.

TENAZITÄT spröde.

FORMEN sehr formenreiches Mineral mit über 1000 Flächenkombinationen.

VERZWILLINGUNG auf 0001, ergibt Lamellenzwillinge.

VARIETÄTEN Islandspat, durchsichtig mit doppelter Lichtbrechung. Calcit ist Hauptbestandteil des Kalksteins und seiner Varietäten — massiver Kalkstein, lithographischer Kalkstein, Kreide, Kalktuff, Stalaktiten und Stalagmiten sowie Marmor.

VERWENDUNG vielseitig; zur Zementherstellung, als Baumaterial, als Zierstein, Hochofenzuschlag, für polarisierende Nicolsche Prismen, Wandfarbe und in der Landwirtschaft.

VORKOMMEN weltweit in Kalkgestein, vor allem in Österreich, Deutschland, Frankreich, Großbritannien, Island, Irland, Mexiko, USA (New York, Ohio, Michigan, Illinois, Missouri, Dakota, Montana, Arizona).

- VARIETÄTEN -

Islandspat mit doppelter Lichtbrechung

MOHSHÄRTE: 3,0

SPEZIFISCHES GEWICHT: 2,7

KRISTALLSYSTEM: trigonal

CERUSSIT *PbCO₃*
(WEISSBLEIERZ) KARBONATE

MERKMALE weiße, riefige, langgestreckte, prismatische Kristalle, oft in kleinen, sternförmigen Gruppen. Reagiert auf Salpetersäure (Vorsicht!).
FARBE meist weiß, gelegentlich auch grünlich oder dunkel-bläulichgrün.
GLANZ Diamantglanz.
STRICHFARBE farblos.
TRANSPARENZ durchscheinend bis selten durchsichtig.
SPALTBARKEIT gut auf 110 und 021.
BRUCH muschelig (schwer zu erkennen).
TENAZITÄT spröde.
FORMEN tafelige bis langgestreckte prismatische Kristalle, oft in sternförmigen Gruppen. Gelegentlich stalaktitisch.

VERZWILLINGUNG verbreitet auf 110 und 130.
VARIETÄTEN keine.
VERWENDUNG Bleierz.
VORKOMMEN in Oxidationszonen bleihaltiger Adern, in denen Bleierze mit karbonathaltigem Wasser reagiert haben. Sibirien, Österreich, Deutschland, Frankreich, Schottland, Tunesien, Namibia, Australien, USA (Pennsylvania, Missouri, Colorado, Arizona, New Mexico).

MOHSHÄRTE: 3,0–3,5
SPEZIFISCHES GEWICHT: 6,5–6,6
KRISTALLSYSTEM: orthorhombisch

MALACHIT *CuCO₃.Cu(OH)₂*
KARBONATE

MERKMALE leuchtend grüne, oft glaskopfige oder stalaktitische Aggregate, begleitet von Kupferkies und anderen Kupfererzen wie Azurit. Reagiert auf Säuren.
FARBE intensiv leuchtend grün (daher malachitgrün).
GLANZ Kristalle haben Diamant- bis Glasglanz, faserige Aggregate Seidenglanz, krustige sind matt.
STRICHFARBE leuchtend grün.
TRANSPARENZ undurchsichtig bis durchscheinend.
SPALTBARKEIT vollkommen auf 001.
BRUCH leicht muschelig bis uneben.
TENAZITÄT spröde.
FORMEN die seltenen Kristalle erscheinen in Form nadelartiger, prismatischer, kleiner

Gruppen; im allgemeinen derbe oder krustenbildende faserige, glaskopfige Aggregate; gelegentlich stalaktitisch; erdige Verkrustungen auf anderen Kupfererzen.
VERZWILLINGUNG verbreitet auf 100.
VARIETÄTEN keine.
VERWENDUNG als Kupfererz, Schmuckstein und für kleine geschnitzte Ornamente.
VORKOMMEN in Oxidationszonen von Kupferlagerstätten, wo Kupfererze wie Kupferkies mit karbonathaltigem Wasser reagiert haben. Ural, Rumänien, Deutschland, Frankreich, Großbritannien, Zaire, Zimbabwe, Südafrika, Australien, USA (Pennsylvania, Tennessee, Arizona, Utah, Nevada).

MOHSHÄRTE: 3,5–4,0
SPEZIFISCHES GEWICHT: 4,0
KRISTALLSYSTEM: monoklin

AZURIT $2CuCO_3.Cu(OH)_2$
(KUPFERGLASUR) KARBONATE

MERKMALE intensiv blaue Kristalle, begleitet von Malachit; reagiert auf Salpetersäure (Vorsicht!).
FARBE intensiv dunkelblau bis himmelblau.
GLANZ Glas- bis Diamantglanz.
STRICHFARBE blaßblau.
TRANSPARENZ durchsichtig bis durchscheinend.
SPALTBARKEIT vollkommen auf 021.
BRUCH muschelig.
TENAZITÄT spröde.
FORMEN unterschiedlich; schlanke, prismatische Kristalle bis körnige, dichte, säulige oder erdige Aggregate.
VERZWILLINGUNG unterschiedlich.

VARIETÄTEN keine.
VERWENDUNG Kupfererz und Mineraliensammlungen.
VORKOMMEN begleitet von oxidierten Kupfererzen, immer in Begleitung von Malachit. Sibirien, Griechenland, Rumänien, Frankreich, Skandinavien, Namibia, Australien, USA (Arizona, New Mexico).

MOHSHÄRTE: 3,5–4,0

SPEZIFISCHES GEWICHT: 3,8–3,9

KRISTALLSYSTEM: monoklin

TÜRKIS $CaAl_6(PO_4)_4(OH)_8.4H_2O$
PHOSPHATE

MERKMALE himmelblaue bis blaß-bläulichgrüne knotige Aggregate oder als Spaltenfüllung in verwittertem Lavagestein und Pegmatiten.
FARBE leuchtend himmelblau bis blaßbläulichgrün.
GLANZ Wachsglanz.
STRICHFARBE weiß bis blaßgrün.
TRANSPARENZ meist undurchsichtig.
SPALTBARKEIT keine.
BRUCH kleinmuschelig.
TENAZITÄT spröde.
FORMEN traubig oder nierenförmig, stalaktitisch; dichte, schmale Säume oder feinkörnig.
VERZWILLINGUNG keine.

VARIETÄTEN keine.
VERWENDUNG Schmuckstein, Zierstein.
VORKOMMEN als schmale Adern und kleine Aggregate in zersetzten Lavagesteinen und Pegmatiten, oft begleitet von Limonit und Chalcedon. Iran, Sibirien, Frankreich, Deutschland, USA (Arizona, Kalifornien, Colorado, New Mexico, Virginia).

MOHSHÄRTE: 5,0–6,0

SPEZIFISCHES GEWICHT: 2,6–2,8

KRISTALLSYSTEM: triklin

APATIT $Ca_5(PO_4)_3(OH,F,Cl)$
PHOSPHATE

MERKMALE meist als blaßgrüne, sechsseitige, prismatische Kristalle zu finden, oft langgestreckt, meist in Granitpegmatiten; löslich in Salzsäure (Vorsicht!).
FARBE meist blaß-grünlichweiß, blaugrün, braun oder gelb.
GLANZ Glas- bis Harzglanz.
STRICHFARBE weiß.
TRANSPARENZ durchsichtig bis undurchsichtig.
SPALTBARKEIT unvollkommen auf 0001.
BRUCH muschelig bis uneben.
TENAZITÄT spröde.
FORMEN gewöhnlich kurze, prismatische, sechsseitige Kristalle, aber auch tafelig, faserig, körnig und dicht zu finden.

VERZWILLINGUNG keine.
VARIETÄTEN Meroxit mit blauen bis blaugrünen Kristallen; Frankolit mit winzigen, gekrümmten Kristallen und stalaktitischen Formen.
VERWENDUNG zur Herstellung von Phosphatdüngern, in Reinform als Schmuckstein.
VORKOMMEN wichtiges Begleitmineral magmatischen Gesteins, aber vorwiegend in metamorphen Gesteinen, saurem Magmagestein und Serpentin. Weltweit, besonders im Ural, in Tschechien, Slowakien, Schweiz, Skandinavien, Großbritannien, Mexiko, Iran, USA (Maine, Massachusetts, New York, Kalifornien), Kanada (Ontario, Quebec).

MOHSHÄRTE: 5,0	SPEZIFISCHES GEWICHT: 3,2–3,4	KRISTALLSYSTEM: hexagonal

PYROMORPHIT $Pb_5(PO4,AsO_4)_3Cl$
PHOSPHATE

MERKMALE kleine, gelblichgrüne, sechsseitige, prismatische Kristalle als Spaltenfüllung in Bleilagerstätten.
FARBE meist blaß-gelblichgrün, aber auch verschiedene Braun- und Gelbtöne.
GLANZ Harzglanz.
STRICHFARBE weiß bis blaßgelb.
TRANSPARENZ fast durchsichtig bis durchscheinend.
SPALTBARKEIT keine.
BRUCH unregelmäßig.
TENAZITÄT spröde.
FORMEN sechsseitige prismatische oder tafelige Kristalle; manchmal traubig, faserig oder körnig.
VERZWILLINGUNG keine.

VARIETÄTEN je nach Form, zum Beispiel faseriger Pyromorphit.
VERWENDUNG Bleierz.
VORKOMMEN sporadisches Sekundärmineral in Bleilagerstätten. Deutschland, Frankreich, Spanien, Großbritannien, Australien, USA (Pennsylvania, North Carolina, Idaho).

MOHSHÄRTE: 3,5–4,0	SPEZIFISCHES GEWICHT: 7,0	KRISTALLSYSTEM: hexagonal

33

MIMETESIT $3Pb_3As_2O_8 \cdot PbCl_2$
PHOSPHATE

MERKMALE kleine gelbe bis bräunlich-orangefarbene, sechsseitige Kristalle mit flachen Oberseiten (0001), zu finden in bleihaltigen mineralischen Adern.
FARBE gelb bis gelblichbraun und orange, selten weiß.
GLANZ Harzglanz.
STRICHFARBE weiß.
TRANSPARENZ durchscheinend, gelegentlich durchsichtig.
SPALTBARKEIT unvollkommen auf $10\bar{1}1$.
BRUCH leicht muschelig, aber wegen der geringen Größe der Kristalle schlecht zu erkennen.
TENAZITÄT spröde.
FORMEN meist sechsseitige prismatische

Kristalle, gelegentlich auch als warzige oder runde Verkrustungen auf Gestein.
VERZWILLINGUNG keine.
VARIETÄTEN Kampylit mit gelblich braunroten Kristallen, nur in Großbritannien zu finden.
VERWENDUNG Bleierz.
VORKOMMEN in Begleitung von Bleikarbonaten und Limonit in Bleilagerstätten. Österreich, Sibirien, Tschechien, Slowakien, Deutschland, Großbritannien, Frankreich, Afrika, Mexiko, USA (Pennsylvania, Utah).

MOHSHÄRTE: 3,5	SPEZIFISCHES GEWICHT: 7,0	KRISTALLSYSTEM: hexagonal

VANADINIT $Pb_5(VO_4)_3Cl$
PHOSPHATE

MERKMALE sechsseitige prismatische, rote bis strohfarbene Kristalle in der Umgebung von sekundären Bleilagerstätten.
FARBE verschiedene Rot- bis Gelbbrauntöne.
GLANZ Harz- bis Diamantglanz.
STRICHFARBE weiß bis gelb.
TRANSPARENZ fast durchsichtig (dunklere Töne wirken undurchsichtig).
SPALTBARKEIT keine.
TENAZITÄT spröde.
FORMEN sechsseitige prismatische Kristalle; die Fläche 0001 oft ausgehöhlt; auch als Verkrustungen auf Gestein zu finden.
VERZWILLINGUNG keine.
VARIETÄTEN keine.

VERWENDUNG Vanadium- und Bleierz.
VORKOMMEN recht seltenes Mineral, in sekundären Bleilagerstätten zu finden. Mexiko, Argentinien, Ural, Österreich, Großbritannien, Zaire, USA (Arizona, New Mexico, South Dakota).

MOHSHÄRTE: 2,7–3,0	SPEZIFISCHES GEWICHT: 6,5–7,0	KRISTALLSYSTEM: hexagonal

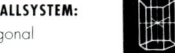

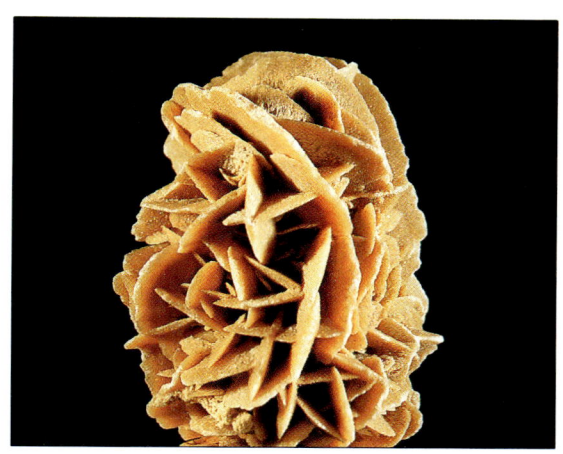

GIPSSPAT CaSO₄.2H₂O
(GIPS, SELENIT) SULFATE

MERKMALE mit dem Fingernagel ritzbar; in einem offenen Röhrchen erhitzt, scheidet er Wasser ab; reagiert nicht auf Säure.
FARBE weiß bis blaßgrau und Rosarottöne.
GLANZ Perlglanz bis glitzernd oder matt und erdig.
STRICHFARBE weiß.
TRANSPARENZ durchsichtig bis undurchsichtig.
SPALTBARKEIT vollkommen auf 010.
BRUCH muschelig, manchmal faserig.
TENAZITÄT bröckelnd.
FORMEN dichte, flache oder aufgewachsene, meist prismatische Kristalle; häufig deutlich ausgeprägte Schwalbenschwanzzwillinge.
VERZWILLINGUNG gut auf 100, ergibt Schwalbenschwanzzwillinge.
VARIETÄTEN Selenit mit durchsichtigen, klaren, blättrigen Kristalen; Atlasspat mit perligen, faserigen Aggregaten; feinkörniger, leicht getönter Alabaster.
VERWENDUNG in der Medizin (für Gipsverbände), für Wandplatten in der Bauindustrie, Alabaster für Bildhauerzwecke und Ornamente.
VORKOMMEN als Lagerstätten, manchmal massiv in Sedimentgestein wie Kalkstein, Schieferton und Ton. Großbritannien, Frankreich, Rußland, USA (New York, Kentucky, Michigan, Kansas, Dakota, Utah).

- **VARIETÄTEN** -

Atlasspat

Selenit

MOHSHÄRTE: 1,5–2,0

SPEZIFISCHES GEWICHT: 2,3

KRISTALLSYSTEM:
monoklin

BARYT BaSO₄
(SCHWERSPAT) SULFATE

MERKMALE sehr dichte, blaß-grünlich-weiße bis blaß-bräunliche tafelige Kristalle; kommt auch als Wüstenrose aus radialstrahligen blaßbraunen Kristallen vor; Härte.
FARBE weiß bis grünlichweiß oder blaß-bräunlichrot.
GLANZ Glas- bis Harzglanz.
STRICHFARBE weiß.
TRANSPARENZ durchsichtig bis undurchsichtig.
SPALTBARKEIT vollkommen auf 001 und 110.
BRUCH uneben.
TENAZITÄT spröde.
FORMEN kommt oft in Gruppen tafeliger oder blättriger Kristalle vor; auch dicht, krustend, streifig, warzig und faserig.

VERZWILLINGUNG keine.
VARIETÄTEN keine.
VERWENDUNG als Bariumerz, zur Zukkerraffinade, als Zusatz zur Bohrflüssigkeit in der Erdölindustrie, als Kontrastmittel bei Röntgenaufnahmen, als Farbstoff und in der Papierindustrie.
VORKOMMEN in Gängen und Lagerstätten, begleitet von Blei-, Kupfer-, Zink- und Eisenerzen. Häufiges Gangmineral in metallführenden Adern. Begleitmineralien sind Fluorit, Quarz, Calcit, Dolomit und Antimonit. Tschechien, Slowakien, Rumänien, Frankreich, Spanien, England, USA (Connecticut, New York, Pennsylvania, Michigan, Dakota).

MOHSHÄRTE: 3,0–3,5

SPEZIFISCHES GEWICHT: 4,4–4,6

KRISTALLSYSTEM: orthorhombisch

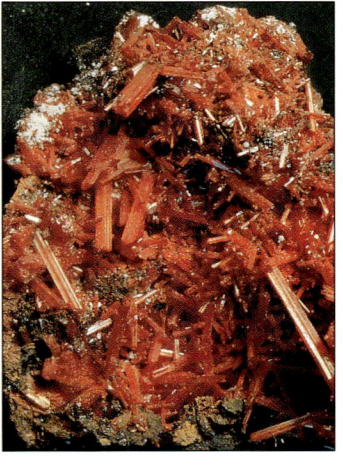

KROKOIT PbCrO₄
(ROTBLEIERZ) CHROMATE

ERKENNUNGSMERKMALE rosarote, aufgewachsene prismatische Kristalle, oft in größeren Aggregaten.
FARBE verschiedene Rosarottöne bis zart safran- oder kupferrosafarben.
GLANZ Diamant- bis Glasglanz.
STRICHFARBE gelblichorange.
TRANSPARENZ durchsichtig.
SPALTBARKEIT gut auf 110.
BRUCH uneben, manchmal muschelig.
TENAZITÄT schneidbar.
FORMEN aufgewachsene, prismatische Kristalle; auch säulig oder körnig.
VERZWILLINGUNG keine.
VARIETÄTEN keine.
VERWENDUNG Mineraliensammlungen.

VORKOMMEN Sekundärmineralien, abgelagert von mineralisierendem Wasser, das Blei aus benachbarten Adern ausgewaschen hat. Ural, Rumänien, Tasmanien, Philippinen, USA (Arizona, Kalifornien).

MOHSHÄRTE: 2,5–3,0

SPEZIFISCHES GEWICHT: 5,9–6,1

KRISTALLSYSTEM: monoklin

WOLFRAMIT *(Fe,Mn)WO₄*

MOLYBDATE

MERKMALE gut ausgebildete tafelige oder prismatische silbrigschwarze Kristalle in metallreichen Sulfid- und Pegmatitadern in Granit.
FARBE schwarz bis sehr dunkelgrau.
GLANZ fast metallisch.
STRICHFARBE schwarz.
TRANSPARENZ undurchsichtig.
SPALTBARKEIT gut auf 010.
BRUCH uneben bis rauh.
TENAZITÄT spröde.
FORMEN meist als tafelige Kristalle, aber auch als prismatische Formen.
VERZWILLINGUNG keine.
VARIETÄTEN keine.
VERWENDUNG Wolframerz.

VORKOMMEN in metallhaltigen Gängen, Höhlen und Pegmatiten in Granit, begleitet von Kassiterit und Kupfererzen. Weltweit, China, Großbritannien, Malaya, Australien, Portugal, Myanmar, Bolivien, USA (Colorado, New Mexico, Nevada, Connecticut).

| MOHSHÄRTE: 4,0–4,5 | SPEZIFISCHES GEWICHT: 7,0 | KRISTALLSYSTEM: monoklin |

WULFENIT *Pb(MoO₄,WO₄)*

(GELBBLEIERZ) MOLYBDATE

MERKMALE meist als dünne, tafelige, bräunlichgelbe bis orange Kristalle, in Verbindung mit Bleierzlagerstätten.
FARBE leuchtend orange bis bräunlichgelb und braun.
GLANZ Harz- bis Diamantglanz.
STRICHFARBE weiß.
TRANSPARENZ fast durchsichtig bis durchscheinend.
SPALTBARKEIT gut auf 111.
BRUCH leicht muschelig, aber mit bloßem Auge schwer zu erkennen.
TENAZITÄT spröde.
FORMEN meist dünne, tafelige bis oktaedrische oder prismatische Kristalle, aber auch körnig und dicht.

VERZWILLINGUNG keine.
VARIETÄTEN keine.
VERWENDUNG Molybdänerz.
VORKOMMEN Sekundärmineral, in oberen (Oxidations-)Zonen von Bleilagerstätten zu finden. Carniola in »Jugoslawien«, Osteuropa, Österreich, Marokko, Kongo, Australien, Mexiko, USA (Massachusetts, Pennsylvania, New Mexico, Arizona, Nevada).

| MOHSHÄRTE: 2,5–3,0 | SPEZIFISCHES GEWICHT: 6,5–8,0 | KRISTALLSYSTEM: tetragonal |

ZIRKON ZrSiO₄
SILIKATE

MERKMALE meist blasse bis dunkelbraune kurze Prismen mit pyramidenförmigen Enden; oft kleine Kristalle mit Diamantglanz.
FARBE verschiedene Brauntöne bis blau, grün oder farblos.
GLANZ Diamantglanz.
STRICHFARBE farblos.
TRANSPARENZ durchsichtig bis undurchsichtig.
SPALTBARKEIT unvollkommen auf 110.
BRUCH muschelig, wegen der geringen Kristallgröße oft schwer zu erkennen.
TENAZITÄT spröde.
FORMEN kurze Prismen mit pyramidenförmigen Enden.
VERZWILLINGUNG als knieförmige Zwillinge.

VARIETÄTEN Hyazinth, rot bis orange.
VERWENDUNG Edelsteine, farblose Formen als Diamant-Ersatz.
VORKOMMEN wichtiges Begleitmineral in saurem magmatischem Gestein; wegen seiner Härte und Resistenz gegen Verwitterung auch in Sandstein, vor allem goldhaltigem. Weltweit vorkommend, meist begleitet von grob kristallinem Granitgestein.

| MOHSHÄRTE: 7,5 | SPEZIFISCHES GEWICHT: 4,5–5,0 | KRISTALLSYSTEM: tetragonal |

EPIDOT Ca₂Fe(Al₂O)(OH)(Si₂O₇)(SiO₄)
SILIKATE

MERKMALE dunkelgrüne bis schwarze, aufgewachsene und streifige prismatische Kristalle in faserigem oder körnigem kontaktmetamorphem Kalkstein.
FARBE von smaragdgrün über pistaziengrün bis rötlich und gelb.
GLANZ Glas- bis Harzglanz.
STRICHFARBE keine.
TRANSPARENZ fast durchsichtig bis undurchsichtig (transparente Varietäten selten).
SPALTBARKEIT vollkommen auf 001.
BRUCH uneben.
TENAZITÄT spröde.
FORMEN aufgewachsene und gestreifte Bündel prismatischer Kristalle; auch dicht.

VERZWILLINGUNG verbreitet auf 100.
VARIETÄTEN Kristalle, faserig, dicht. Piemontit, kirschrot bis blaßgelb; chromhaltiges Epidot, smaragdgrün bis zitronengelb.
VERWENDUNG Mineraliensammlungen.
VORKOMMEN in kontaktmetamorphen Zonen, in regionalem Metamorphgestein wie Gneis und Schiefer. Weltweit, vor allem im Ural, in Frankreich, Norwegen, USA (Connecticut, Colorado, Kalifornien, Alaska).

| MOHSHÄRTE: 6,0–7,0 | SPEZIFISCHES GEWICHT: 3,3–3,5 | KRISTALLSYSTEM: monoklin |

GRANAT $XAl_2Si_3O_{12}(X=Ca_3,Mg_3,Fe_3,Mn_3,Fe_2,Cr_2)$

SILIKATE

MERKMALE Kristallform, Farbe, Begleitgestein.

FARBE dunkelrot bis blaß-gelblichrot, schwarz, dunkel- oder hellgrün.

GLANZ Harz- bis Glasglanz.

STRICHFARBE weiß.

TRANSPARENZ durchsichtig bis durchscheinend und undurchsichtig.

SPALTBARKEIT keine.

BRUCH uneben, gelegentlich leicht muschelig.

TENAZITÄT spröde.

FORMEN dodekaedrisch und trapezoedrisch.

VERZWILLINGUNG keine.

VARIETÄTEN Grossular, blaßgrün bis bernsteinfarben oder dunkelbraun; Pyrop, blutrot bis schwarz; Almadin, bräunlichrot bis schwarz; Spessartin, dunkelrot bis bräunlichrot; Andradit, verschiedene Rottöne, gelb, grün, braun und schwarz; Uwarowit, smaragdgrün (selten).

VERWENDUNG Edelsteine.

VORKOMMEN weit verbreitet in vielen Gesteinsarten. Einige der besten Kristalle sind in Schiefer, Serpentin, Metamorphgestein, Gneis und Granitpegmatiten zu finden. Weltweit; Grossular sehr verbreitet in Schiefer und metamorphem Gestein; Pyrop in Südafrika, Almadin in USA (New York), Spessartin in Deutschland und Italien, Andradit in Schweden, Deutschland, Ural und den USA (New Jersey); Uwarowit im Ural, Kanada (Quebec), Spanier, Skandinavien, Westafrika.

Pyrop

- **VARIETÄTEN** -

Grossular

Almadin

Spessartin

Uwarowit

Andradit

MOHSHÄRTE: 6,5–7,2

SPEZIFISCHES GEWICHT: 3,0–4,0

KRISTALLSYSTEM: kubisch

OLIVIN X_2SiO_4 (X=Mg oder Fe)
(PERIDOT, CHRYSOLITH) SILIKATE

MERKMALE Farbe, Begleitgestein.
FARBE grün bis olivgrün, gelb – in oxidierter Form bräunlichrot.
GLANZ glasig.
STRICHFARBE meist weiß, manchmal blaßgelb – oxidiert rot.
TRANSPARENZ durchsichtig bis durchscheinend.
SPALTBARKEIT normalerweise auf 010, gelegentlich auf 100.
BRUCH muschelig.
TENAZITÄT spröde.
FORMEN Kristalle, selten parallel zur C-Achse gestreckt, oben flach; auch körnig oder dicht, vor allem in Peridotit.
VERZWILLINGUNG selten.
VARIETÄTEN Forsterit, weiß, grün oder gelb; Fayalit, grünlichgelb bis schwarz.
VERWENDUNG als Edelstein (Peridot) in durchsichtig grüner Form.
VORKOMMEN in basischem Erstarrungsgestein mit geringem Kieselerde- und Magnesiumgehalt. Italien, Deutschland, Österreich, Norwegen, Ägypten, rotes Meer, Mayanmar, Brasilien, USA (Vermont, North Carolina, Arizona, New Mexico). Weltweit in Vulkangestein verbreitet.

MOHSHÄRTE: 6,5–7	SPEZIFISCHES GEWICHT: 3,27–3,37	KRISTALLSYSTEM: orthorhombisch

DIOPTAS $CuSiO_2(OH)_2$
(KUPFERSMARAGD) SILIKATE

MERKMALE dunkel-smaragdgrüne, kurze, prismatische Kristalle, in Begleitung von Kupfersulfidlagerstätten zu finden; recht seltenes Mineral.
FARBE dunkel- bis mittelsmaragdgrün.
GLANZ glasig.
STRICHFARBE grün.
TRANSPARENZ durchsichtig bis durchscheinend.
SPALTBARKEIT vollkommen auf $10\bar{1}1$.
BRUCH muschelig, aber schwer zu erkennen, da die Kristalle entweder zu klein oder zu wertvoll sind, um sie zu zerbrechen.
TENAZITÄT spröde.
FORMEN kurze, prismatische, sechsseitige Kristalle; auch dicht oder in körnigen Gruppen.
VERZWILLINGUNG keine.
VARIETÄTEN keine.
VERWENDUNG unter Mineraliensammlern sehr begehrt.
VORKOMMEN in oberen Oxidationszonen von Kupfererzlagerstätten, wo hervorragende (aber seltene) Kristalle in Drusen vorkommen. Rußland, Kongo, Chile, USA (Arizona).

MOHSHÄRTE: 5,0	SPEZIFISCHES GEWICHT: 3,3	KRISTALLSYSTEM: trigonal

KYANIT Al_2OSiO_4
SILIKATE

MERKMALE durchscheinende, blaßblaue, leistenförmige Kristalle; Härte über die Länge geringer als quer zum Kristall; in Schiefer meistens begleitet von Staurolith.
FARBE blaß-himmelblau, manchmal mit weißen Rändern.
GLANZ Glas- bis Perlglanz.
STRICHFARBE weiß.

TRANSPARENZ durchscheinend bis durchsichtig.
SPALTBARKEIT vollkommen auf 100.
BRUCH nicht anwendbar.
TENAZITÄT spröde.
FORMEN lange, blättrige oder leistenförmige Kristalle.
VERZWILLINGUNG keine.
VARIETÄTEN keine.

VERWENDUNG wegen des hohen Schmelzpunktes zur Herstellung feuerfester Materialien für Hochöfen und als Schmuckstein.
VORKOMMEN in Glimmerschiefer als Ergebnis regionalen Metamorphismus, oft begleitet von Staurolith, Granat und Korund. Ural, Alpen, USA (Carolina).

MOHSHÄRTE: 4 (in der Länge, parallel zur C-Achse); 7 (in der Breite, parallel zur B-Achse)   **SPEZIFISCHES GEWICHT:** 4   **KRISTALLSYSTEM:** triklin

STAUROLITH $(Fe,Mg)_2(AlFe)_9O_6.(SiO_4(O,OH)_2$
SILIKATE

MERKMALE meist undurchsichtige bis dunkelrote stumpfe Prismen oder kreuzförmige Zwillinge in Glimmerschiefer als Ergebnis regionaler Metamorphismus. Oft begleitet von Kyanit, Granat und Quarz. Kristallflächen sind oft rauh.
FARBE dunkel-weinrot bis braun oder gelb.
GLANZ Harzglanz bis matt glasig.
STRICHFARBE weiß bis grauweiß.
TRANSPARENZ meist undurchsichtig, manchmal durchscheinend.
SPALTBARKEIT gut auf 010.
BRUCH leicht muschelig, aber wegen der geringen Kristallgröße nur schwer erkennbar.

TENAZITÄT spröde.
FORMEN stumpfe oder flache prismatische Kristalle und kreuzförmige Zwillinge.
VERZWILLINGUNG kreuzförmige Zwillinge auf 032.
VARIETÄTEN keine.
VERWENDUNG selten als Edelstein.
VORKOMMEN in Schiefern regionaler Metamorphzonen; begleitet von Kyanit, Granat, Quarz und Turmalin. Weltweit, vor allem in der Schweiz, Frankreich, USA (New England, New Hampshire, Massachusetts, Virginia, Carolina).

MOHSHÄRTE: 7,0–7,5   **SPEZIFISCHES GEWICHT:** 3,6–3,8   **KRISTALLSYSTEM:** orthorhombisch

41

ANDALUSIT Al_2OSiO_4
(CHIASTOLITH) SILIKATE

MERKMALE aufgewachsene, glasige Prismen in Hornfels und Schiefer kontaktmetamorpher Zonen, begleitet von Granitintrusionen. Auch in Gneis und Schiefer regionalmetamorpher Zonen zu finden.
FARBE klar bis weiß, aber auch blaßrot, braun und grün.
GLANZ glasig.
STRICHFARBE farblos.
TRANSPARENZ durchsichtig bis undurchsichtig.
SPALTBARKEIT vollkommen auf 110, unvollkommen auf 100.
BRUCH uneben.
TENAZITÄT spröde.
FORMEN aufgewachsene Prismen – qua-

dratische Formen nicht so verbreitet.
VERZWILLINGUNG keine.
VARIETÄTEN Chiastolith mit dicken, aufgewachsenen Kristallen, die jeweils im Inneren der Länge nach ein blasses oder farbiges Kreuz aufweisen.
VERWENDUNG in klarer Form als Edelstein.
VORKOMMEN in kontaktmetamorphen Zonen in der Umgebung von Granit. Auch in Gneis und Schiefer als Ergebnis regionalen Metamorphismus. Weltweit, vor allem im Ural, in den Alpen, Frankreich (Pyrenäen), Australien, Brasilien, USA (Maine, Massachusetts, Pennsylvania, Kalifornien).

MOHSHÄRTE: 7,5
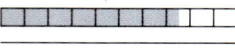

SPEZIFISCHES GEWICHT: 3,1

KRISTALLSYSTEM: orthorhombisch

TOPAS $Al_2(SiO_4)(OH,F)_2$
SILIKATE

MERKMALE blaß-bernsteinfarbene bis klare prismatische Kristalle mit vollkommener Spaltbarkeit zur Basis auf 001. Kommt in Granitpegmatiten gemeinsam mit Turmalin, Beryll und Fluorit vor.
FARBE blaß-honiggelb bis blaß-orangegelb, klar mit einem Hauch Blau oder farblos; gelegentlich auch blaßgrün oder rosa.
GLANZ Glasglanz.
STRICHFARBE farblos.
TRANSPARENZ durchsichtig bis fast durchsichtig.
SPALTBARKEIT vollkommen auf 001 (Basalspaltbarkeit).
BRUCH leicht muschelig bis uneben.
TENAZITÄT spröde.

FORMEN stumpfe, prismatische Kristalle, oft mit gestreiften Längsflächen.
VERZWILLINGUNG keine.
VARIETÄTEN keine.
VERWENDUNG Edelstein.
VORKOMMEN in saurem Erstarrungsgestein wie Granit, wo Kristalle in Pegmatiten oder Drusen vorkommen können. Oft begleitet von Fluorit, Kassiterit und Beryll. Ural, Deutschland, Nigeria, Australien, Japan, USA (Maine, New Hampshire, Connecticut, Texas, Virginia, Utah, Kalifornien).

MOHSHÄRTE: 8,0

SPEZIFISCHES GEWICHT: 3,5–3,6

KRISTALLSYSTEM: orthorhombisch

TURMALIN $Na(Mg,Fe,Mn,Li,Al)_3Al(Si_6O_{18})(BO_3)_3.(OH,F)_4$

SILIKATE

MERKMALE aufgewachsene, gestreifte prismatische Kristalle in Granit und Pegmatiten. Farbe variiert von schwarz bis grün und rosa.

FARBE meist schwarz, abe: auch dunkelbraun, violett, grün und rosa, manchmal auch zweifarbig rosarot und grün.

GLANZ Glasglanz, manchmal Harzglanz.

STRICHFARBE farblos.

TRANSPARENZ durchsichtig bis undurchsichtig.

SPALTBARKEIT äußerst unvollkommen.

BRUCH ganz leicht muschelig, uneben.

TENAZITÄT spröde.

FORMEN parallel aufgewachsene oder nadelige Prismen, manchmal radialstrahlig.

Auch dicht (meist Schörl) und als gestreute Körner in Granit.

VERZWILLINGUNG keine.

VARIETÄTEN Schörl, schwarz; Rubellit, rosa; Indigolith, dunkel violettblau; Verdelith, smaragdgrün; und Dravit, braun.

VERWENDUNG in vollkommen durchsichtiger Form als Edelstein.

VORKOMMEN in Pegmatiten und Drusen in Granit und Gneis, wo er durch Kristallisierung aus mineralisierenden Flüssigkeiten und Gasen entstanden ist. Ural, Sibirien, Deutschland, Grönland, Tschechien, Slowakien, Schweiz, Großbritannien, Ceylon, Brasilien, USA (New England, Kalifornien).

Schörl

MOHSHÄRTE: 7,0

SPEZIFISCHES GEWICHT: 3,2

KRISTALLSYSTEM: trigonal

- VARIETÄTEN -

Grüner Turmalin

Rubellit

Dravit

Indigolith

43

SMARAGD $Be_3Al_2Si_4O_{18}$
SILIKATE

MERKMALE smaragdgrüne, oft sechssei-
tige, tonnenförmige, prismatische Kristalle;
kommen in Pegmatiten oder Drusen in
Granit vor.
FARBE smaragdgrün.
GLANZ Glasglanz.
STRICHFARBE weiß.
TRANSPARENZ durchsichtig bis fast
durchsichtig.
SPALTBARKEIT unvollkommen auf 0001.
BRUCH unvollkommen muschelig bis
uneben.
TENAZITÄT spröde.
FORMEN sechsseitige prismatische Kri-
stalle, oft tonnenförmig, manchmal körnig.
VERZWILLINGUNG keine.
VARIETÄTEN keine.

VERWENDUNG als Edelstein.
VORKOMMEN in Pegmatiten und Drusen
in Granit. Manchmal begleitet von Topas in
Glimmerschiefer zu finden. Rußland, Öster-
reich, Deutschland, Südafrika, Sambia,
Zimbabwe, Kolumbien (einziger Ort, wo
Smaragd in Kalkstein vorkommt), USA
(North Carolina – unvollkommene Formen).

| MOHSHÄRTE: 7,0–7,5 | SPEZIFISCHES GEWICHT: 2,5–2,8 | KRISTALLSYSTEM:
hexagonal | |

AQUAMARIN $Be_3Al_2Si_6O_{18}$
SILIKATE

MERKMALE zart-bläulichgrüne (aquama-
rin), hexagonale, prismatische Kristalle in
Pegmatiten und Drusen in Granit.
FARBE blaß-blaugrün.
GLANZ Glas- bis Harzglanz.
STRICHFARBE weiß.

TRANSPARENZ durchsichtig bis durch-
scheinend.
SPALTBARKEIT unvollkommen auf 0001.
BRUCH uneben bis leicht muschelig.
TENAZITÄT spröde.
FORMEN aufgewachsene hexagonale
Prismen; auch in körniger und kompakter
Form.
VERZWILLINGUNG keine.
VARIETÄTEN keine.
VERWENDUNG als Edelstein.
VORKOMMEN in Pegmatiten und Drusen
in Granit. Weißrußland, Madagaskar, Brasi-
lien, Pakistan, USA (Massachusetts, Colo-
rado).

| MOHSHÄRTE: 7,5–8,0 | SPEZIFISCHES GEWICHT: 2,7 | KRISTALLSYSTEM:
hexagonal | |

CORDIERIT $Mg_2Al_4Si_5O_{18}$
SILIKATE

MERKMALE Härte, pseudohexagonale tonnenförmige Kristalle, Glasglanz; meist als Pseudomorphosen zu Pinit (unbestimmte Tonmineralien) und Glimmer zu finden.
FARBE blaß- bis dunkel-graublau.
GLANZ glasig.
STRICHFARBE keine.
TRANSPARENZ durchscheinend bis durchsichtig.
SPALTBARKEIT gut auf 010.
BRUCH leicht muschelig, oft schwer zu erkennen.
TENAZITÄT spröde.
FORMEN stumpfe, pseudohexagonale, tonnenförmige Kristalle; auch dicht.
VERZWILLINGUNG auf 110 und 130.

VARIETÄTEN auch als Iolit und Dichroit bekannt.
VERWENDUNG in durchsichtiger Form als Edelstein.
VORKOMMEN meist in saurem Erstarrungsgestein sowie Schiefer und Gneis. Skandinavien, Österreich, Grönland, Ceylon, USA (Connecticut).

MOHSHÄRTE: 7–8
SPEZIFISCHES GEWICHT: 2,57–2,68
KRISTALLSYSTEM: crthorhombisch

AUGIT $(Ca,Mg,Fe,Ti,Al)_2(Si,Al)_2O_6$
SILIKATE

MERKMALE dunkle Farbe, Kristallform, Begleitgestein, in einem Spaltwinkel von 90 Grad.
FARBE grün bis bräunlichschwarz.
GLANZ Glas- bis Harzglanz.
STRICHFARBE grünlich.
TRANSPARENZ durchsichtig bis undurchsichtig.
SPALTBARKEIT vollkommen auf 110 im Winkel von 90 Grad, oft nur bei dünnen Basalsektionen zu sehen.
BRUCH muschelig bis uneben.
TENAZITÄT nicht anwendbar.
FORMEN dicke prismatische Kristalle, manchmal tafelig auf 100.
VERZWILLINGUNG Kontaktzwillinge auf 100 verbreitet.

VARIETÄTEN Ägirinaugit, grün bis gelb; Fassait, dunkelgrün.
VERWENDUNG wichtiges gesteinsbildendes Mineral in der Natur.
VORKOMMEN weltweit in basischem Erstarrungsgestein; Ankaramit birgt oft bis zu 8 cm große Fundstücke.

MOHSHÄRTE: 5–6
SPEZIFISCHES GEWICHT: 3,2–3,6
KRISTALLSYSTEM: monoklin

RHODONIT $CaMn_4(Si_5O_{15})$

SILIKATE

MERKMALE auffallend rosarote, tafelige Kristalle, oft begleitet von Rhodochrosit oder Fahlerz in Metamorphgestein.
FARBE rosarot bis rot, selten grüngelb.
GLANZ glasig.
STRICHFARBE weiß.
TRANSPARENZ meist durchscheinend, gelegentlich auch durchsichtig.
SPALTBARKEIT vollkommen auf 110.
BRUCH uneben bis muschelig.
TENAZITÄT spröde.
FORMEN meist als Bündel großer, tafeliger Kristalle.
VERZWILLINGUNG auf 001.

VARIETÄTEN keine.
VERWENDUNG als Zierstein.
VORKOMMEN in Manganerzen, begleitet von Rhodochrosit oder Fahlerz. Ural, Rumänien, Schweden, Australien, Mexiko, USA (Massachusetts, New Jersey).

MOHSHÄRTE: 5,5–6,5

SPEZIFISCHES GEWICHT: 3,6

KRISTALLSYSTEM: triklin

SPODUMEN $LiAl(SiO_3)_2$

SILIKATE

MERKMALE in lithiumhaltigen Granitpegmatiten als weiße, grünlichweiße oder blaß-purpurfarbene, dicke, prismatische und oft große Kristalle zu finden.
FARBE weiß, oft mit blaß-lilafarbener oder grüner Mitte.
GLANZ Glasglanz.
STRICHFARBE weiß.
TRANSPARENZ durchsichtig bis fast durchsichtig.
SPALTBARKEIT vollkommen auf 110.
BRUCH uneben.
TENAZITÄT spröde.
FORMEN prismatisch, oft abgeflacht auf 100.
VERZWILLINGUNG keine.
VARIETÄTEN Hiddenit, blaßgelb bis smaragdgrün; Kunzit, blaß- bis dunkellila.
VERWENDUNG als Edelstein.
VORKOMMEN in lithiumhaltigen Granitpegmatiten. Skandinavien, Island, Brasilien, Madagaskar, USA (Maine, Massachusetts, Connecticut, North Carolina).

MOHSHÄRTE: 6,5–7,0

SPEZIFISCHES GEWICHT: 3,2

KRISTALLSYSTEM: monoklin

HORNBLENDE $(Ca,Na,K)_{2-3}(Mg,Fe,Al)_5(Si,Al)_8O_{22}(OH,F)_2$
SILIKATE

MERKMALE verbreitetes Mineral in Erstarrungsgestein, wo es als schwarze bis dunkelgrüne, kurze, prismatische Kristalle vorkommt, nicht selten aber auch in langgestreckter Form. Von Augit an den beiden Spaltrissen zu unterscheiden, die sich im Winkel von 120° schneiden.
FARBE schwarz bis grünschwarz und dunkelbraun.
GLANZ glasig, oft auch matt.
STRICHFARBE grauweiß bis braun.
TRANSPARENZ undurchsichtig, gelegentlich fast durchsichtig.
SPALTBARKEIT vollkommen auf 110; Spaltrisse schneiden sich im 120°-Winkel.
BRUCH leicht muschelig.
TENAZITÄT spröde.

FORMEN kurze, prismatische Kristalle; faserig, körnig und dicht.
VERZWILLINGUNG verbreitet auf 100.
VARIETÄTEN Hornblende ist das häufigste Mineral der Amphibol-Gruppe. Andere Formen dieser Gruppe sind gemeine Hornblende, schwarz; basaltische Hornblende, dunkelgrün; Riebeckit, dunkel-blauschwarz; Hornblendeasbest, eine faserig-biegsame Form in verschiedenen Farben.
VERWENDUNG Mineraliensammlungen.
VORKOMMEN wichtiger Bestandteil zahlreicher Erstarrungsgesteine, deren Klassifizierung sich nach dem Vorhandensein oder Fehlen von Hornblende richtet. Weltweit in Erstarrungs- und metamorphem Gestein.

MOHSHÄRTE: 5,0–6,0

SPEZIFISCHES GEWICHT: 3,0–3,5

KRISTALLSYSTEM: monoklin

KROKYDOLITH $Na(Al,Fe)(SiO_3)_2$ mit $(Mg,Fe)SiO_3$
SILIKATE

MERKMALE glitzernde, faserige bis haarfeine blaue bis grüne Kristalle.
FARBE mittel- oder blaßblau bis mittelgrün.
GLANZ seidig.
STRICHFARBE bläulich.
TRANSPARENZ durchsichtig.
SPALTBARKEIT vollkommen auf 110.
BRUCH uneben.
TENAZITÄT spröde bis biegsam.
FORMEN faserige Aggregate aus dünnen, prismatischen Kristallen.
VERZWILLINGUNG keine.
VARIETÄTEN synonym ist blauer Asbest; zu Quarz verkieselt entsteht das Mineral Tigerauge.

VERWENDUNG Mineraliensammlungen.
VORKOMMEN in Gängen und Pegmatiten in Granit und Syenit. Südafrika, Österreich, Frankreich, Bolivien, Großbritannien, USA (Massachusetts).

MOHSHÄRTE: 6,0

SPEZIFISCHES GEWICHT: 3,0

KRISTALLSYSTEM: monoklin

MUSKOVIT KAl$_2$(Si$_3$AL)O$_{10}$(OH)$_2$
SILIKATE

MERKMALE schimmerndes, silbriges, plattiges Mineral. Die Platten sind biegsam und lassen sich leicht mit Messer oder Nadel abblättern. Verbreitet in Granit und verwandtem Gestein.
FARBE farblos bis blaßbraun, grün oder gelb; gelegentlich auch blaßrot.
GLANZ Glas- bis Perlglanz.
STRICHFARBE farblos.
TRANSPARENZ durchsichtig bis durchscheinend.
SPALTBARKEIT vollkommen auf 010.
BRUCH tendenziell elastisch, ohne zu brechen.
TENAZITÄT biegsam, elastisch.
FORMEN meist tafelig; gelegentlich als verjüngtes Aggregat tafeliger Kristalle.

VERZWILLINGUNG auf 001 (leicht spaltbar).
VARIETÄTEN keine.
VERWENDUNG Elektroisolation, Hochofen- und Ofenfenster.
VORKOMMEN wichtiger Bestandteil zahlreicher Erstarrungs- und metamorpher Gesteine, vor allem in saurem Erstarrungsgestein, Schiefer und Gneis. In Granitpegmatiten als große, buchartige Aggregate. Weltweit verbreitet.

MOHSHÄRTE: 2–2,5

SPEZIFISCHES GEWICHT: 2,7–3,0

KRISTALLSYSTEM:
monoklin

MOHSHÄRTE: 2,4–3,1

SPEZIFISCHES GEWICHT: 2,6–3,0

KRISTALLSYSTEM:
monoklin

BIOTIT K(Fe,Mg)$_2$(Si$_3$AL)O$_{10}$(OH)$_2$
SILIKATE

MERKMALE schimmernd schwarze, tafelige Schuppen, biegsam, lassen sich leicht mit Messer oder Nadel abblättern.
FARBE schwarz bis grünlichschwarz und braun.
GLANZ schimmernd bis fast metallisch.

STRICHFARBE weiß.
TRANSPARENZ durchsichtig bis undurchsichtig.
SPALTBARKEIT vollkommen auf 001.
BRUCH elastisch, ohne zu brechen.
TENAZITÄT biegsam, elastisch.
FORMEN meist tafelig.
VERZWILLINGUNG auf 001, hier auch leicht spaltbar.
VARIETÄTEN keine.
VERWENDUNG Mineraliensammlungen.
VORKOMMEN wichtiger Bestandteil der meisten magmatischen Gesteine von Granit bis Gabbro und ihrer feinkörnigen Äquivalente. In Granitpegmatiten als schwarze, buchartige Aggregate zu finden. Weltweit verbreitet.

PHLOGOPIT K(Mg,Fe)$_3$(Si$_3$Al)O$_{10}$(OH)$_2$
SILIKATE

MERKMALE schimmerndes, kupferbraunes, schwarzfleckiges, plattiges Mineral. Die Platten sind biegsam und lassen sich leicht mit Messer- oder Nadelspitze abblättern. In dünnen Blättchen ist gegen das Licht oft eine sternförmige Figur zu erkennen.
FARBE kupferbraun bis gelblichbraun mit dunkleren Flecken.
GLANZ Perlglanz, manchmal leicht metallisch.
STRICHFARBE farblos.
TRANSPARENZ durchsichtig bis fast durchsichtig.
SPALTBARKEIT vollkommen auf 001.
BRUCH biegsam ohne zu brechen.
TENAZITÄT biegsam, elastisch.

FORMEN tafelige, schuppige Aggregate. Oft als kleine Blättchen in saurem Erstarrungsgestein zu finden.
VERZWILLINGUNG auf 001, zur Spaltrichtung.
VARIETÄTEN keine.
VERWENDUNG Mineraliensammlungen.
VORKOMMEN Produkt des Metamorphismus; in Serpentin, körnigem Kalkstein und Dolomit. Rumänien, Schweiz, Italien, Skandinavien, Finnland, Ceylon, Madagaskar, USA (New York, New Jersey), Kanada (Ontario, Quebec).

MOHSHÄRTE: 3,0

SPEZIFISCHES GEWICHT: 2,8–3,0

KRISTALLSYSTEM: monoklin

PREHNIT Ca$_2$Al(AlSi$_3$)O$_{10}$(OH)$_2$
SILIKATE

MERKMALE blaßgrüne, kugelige oder nierenförmige Aggregate kleiner tafeliger Kristalle. Oft stalaktitisch oder in radialstrahligen Gruppen.
FARBE blaßgrün bis weißlichgrau, verblaßt an der Luft.
GLANZ glasig.
STRICHFARBE keine.
TRANSPARENZ meist durchscheinend, selten fast durchsichtig.
SPALTBARKEIT nicht anwendbar.
BRUCH uneben bis rauh.
TENAZITÄT spröde.
FORMEN tafelige, oft tonnenförmige Kristalle; häufig kugelig oder in radialstrahligen Gruppen.

VERZWILLINGUNG keine.
VARIETÄTEN keine.
VERWENDUNG Mineraliensammlungen.
VORKOMMEN meist als Sekundärmineral in basischem Erstarrungsgestein und Gneis. Österreich, Italien, Deutschland, Frankreich, Großbritannien, Südafrika, USA (Massachusetts, Connecticut, New Jersey, Michigan).

MOHSHÄRTE: 6,0–6,5

SPEZIFISCHES GEWICHT: 2,9

KRISTALLSYSTEM: orthorhombisch

QUARZ *SiO₂*
SILIKATE

MERKMALE Form, Begleitgestein, Härte.
FARBE in Reinform farblos, sonst weiß, gelb, rot, braun, grün, blau, schwarz.
GLANZ glasig.
STRICHFARBE weiß oder in der jeweiligen Farbe.
TRANSPARENZ durchsichtig bis undurchsichtig.
SPALTBARKEIT keine.
BRUCH muschelig.
TENAZITÄT spröde.
FORMEN prismatisch, mündet in Rhomboeder, die wie hexagonale Pyramiden wirken.
VERZWILLINGUNG auf der C-Achse mit parallelen Kristallen.
VARIETÄTEN Bergkristall, klar, glasig; Amethyst, purpurn; Rosenquarz, rosafarben; Citrin, gelb; Rauchquarz, dunkelbraun; Chalcedon, wachsartig; Plasma, grün; Achat, gestreift; Flint, undurchsichtig schwarzbraun; Jaspis, in verschiedenen Farben.
VERWENDUNG Glas- und Porzellanherstellung, Zierstein, Schmuck, Schleifmittel, Mörtelsand, Sandstein für die Bauindustrie.
VORKOMMEN weltweit, vor allem in Sand. Rauchquarz vorwiegend in den Schweizer Alpen, Amethyst in den Alpen, Brasilien, USA (Maine, Virginia, Arkansas).

- VARIETÄTEN -

Amethyst

Rosenquarz

Citrin

Rauchquarz

Bergkristall

MOHSHÄRTE: 7,0

SPEZIFISCHES GEWICHT: 2,65–2,66

KRISTALLSYSTEM: hexagonal/trigonal

ACHAT SiO_2
SILIKATE

MERKMALE durchscheinendes, stark gebändertes, weißes bis graublaues und orangerotes, wachsiges Mineral in Drusen.
FARBE unterschiedlich: weiß bis grau, weißlichblau, orange bis rot, grau und schwarz.
GLANZ wächsern.
TRANSPARENZ meist durchscheinend, manchmal auch durchsichtig.
SPALTBARKEIT keine.
BRUCH muschelig, sehr scharfkantig.
TENAZITÄT spröde.
FORMEN kryptokristalliner Quarz in Geoden (siehe Chalcedon).
VERZWILLINGUNG keine.
VARIETÄTEN kann in Opal oder Chalcedon übergehen.

VERWENDUNG Mineraliensammlungen.
VORKOMMEN als Sekundärmineral, abgelagert von kieselhaltigem Wasser, in Drusen zu finden. Oft in Metamorphzonen in der Umgebung von Granitintrusionen, aber auch in Sedimentgestein zu finden. Weltweit verbreitet.

MOHSHÄRTE: 7,0

SPEZIFISCHES GEWICHT: 2,6

KRISTALLSYSTEM: trigonal

CHALCEDON SiO_2
SILIKATE

MERKMALE als wachsiges, stalaktitisches, durchscheinendes, weißlichgraues bis bläuliches Mineral in Drusen zu finden. Wirkt wie tropfendes Kerzenwachs.
FARBE unterschiedlich, klar bis weiß, weißlichblau, grau und schwarz.
GLANZ wächsern.
STRICHFARBE keine.
TRANSPARENZ meist durchscheinend, manchmal auch durchsichtig.
SPALTBARKEIT keine.
BRUCH muschelig, sehr scharfkantig.
FORMEN kryptokristalliner Quarz in stalaktitischen und kugeligen Formen; meist in Geoden zu finden (siehe Achat).
VERZWILLINGUNG keine.

VARIETÄTEN kann in Opal oder Achat übergehen.
VERWENDUNG Mineraliensammlungen.
VORKOMMEN als Sekundärmineral, abgelagert von kieselhaltigem Wasser, in Drusen zu finden. Oft in Metamorphzonen in der Umgebung vor Granitintrusionen, auch in Sedimentgestein. Weltweit verbreitet.

MOHSHÄRTE: 7,0

SPEZIFISCHES GEWICHT: 2,6

KRISTALLSYSTEM: trigonal

OPAL SiO_2

SILIKATE

MERKMALE keine Kristallform, sondern perlförmig bis harzähnlich, unterschiedliche Färbung. Opale in Edelsteinqualität haben ein ausgeprägtes, feuriges Farbspiel.
FARBE unterschiedlich, je nach Art und Menge der Unreinheiten sind alle Farben möglich; Reinform weiß.
GLANZ Glas- bis Wachsglanz.
STRICHFARBE weiß.
TRANSPARENZ meist durchscheinend, aber auch durchsichtig oder undurchsichtig.
SPALTBARKEIT keine.
BRUCH ausgeprägt muschelig.
TENAZITÄT spröde.
FORMEN stalaktitisch, massiv als Spaltenfüllung, als Gesteinsverkrustung in warzigen Knollen.

VERZWILLINGUNG keine.
VARIETÄTEN Gemeiner Opal, weiß oder in verschiedenen Farben; Edelopal, leicht irisierend; Feueropal, rötlich oder gelb mit Farbspiel; Holzopal aus versteinerten Hölzern; Moosopal mit dunklen, baumartigen Einschlüssen.
VERWENDUNG Edelopale als Schmucksteine.
VORKOMMEN als Sekundärmineral, abgelagert aus kieselhaltigen heißen Quellen, in Drusen zu finden. Auch in saurem Erstarrungsgestein als späte Spaltenfüllung. Gemeine Opale sind weltweit zu finden, Edelopale in Tschechien, Slowakien, Australien, Mexiko, Japan, Neuseeland, USA (Wyoming, Nevada).

MOHSHÄRTE: 7,0	SPEZIFISCHES GEWICHT: 2,3	KRISTALLSYSTEM: amorph

MIKROKLIN $KAlSi_3O_8$

SILIKATE

MERKMALE blaßtürkis bis weiße, leicht gebänderte Kristalle. Im Aussehen ähnlich wie Orthoklas, aber mit geringerem spezifischem Gewicht.
FARBE blaßtürkis bis weißlichgelb, manchmal blaßziegelrot.
GLANZ Glasglanz.
STRICHFARBE farblos.
TRANSPARENZ meist durchscheinend, selten durchsichtig.
SPALTBARKEIT vollkommen auf 001.
BRUCH uneben.
FORMEN prismatisch orthorhombisch (wie Orthoklas), auch dicht bis körnig.
VERZWILLINGUNG auf 100 und 010.
VARIETÄTEN keine.

VERWENDUNG Schmuck-, Zierstein, Porzellanherstellung.
VORKOMMEN häufig in saurem Erstarrungsgestein wie Granit. Gute Kristalle sind in Granitpegmatiten zu finden. Weltweit verbreitet, vor allem im Ural, in Italien, Skandinavien, Madagaskar, USA (Pennsylvania, Delaware, Colorado).

MOHSHÄRTE: 6,0	SPEZIFISCHES GEWICHT: 2,55	KRISTALLSYSTEM: triklin

ORTHOKLAS $KAlSi_3O_8$
SILIKATE

MERKMALE gesprenkelte, cremeweiße, typische Kristallform mit zwei Spaltwinkeln von 90 Grad.
FARBE weiß bis cremeweiß. Oft auch rosarot.
GLANZ Glas- bis Perlglanz.
STRICHFARBE farblos.
TRANSPARENZ meist fast durchsichtig, selten durchsichtig.
SPALTBARKEIT vollkommen auf 001, gut auf 010.
BRUCH uneben.
TENAZITÄT spröde.
FORMEN prismatisch orthorhombisch, häufig als Zwillinge; auch dicht, körnig und kryptokristallin.
VERZWILLINGUNG auf 100 und 010.

VARIETÄTEN Adular, durchsichtig; Sanidin, glasig, bei hohen Temperaturen gebildet, häufig in saurem Lavagestein.
VERWENDUNG Porzellanherstellung, Schmuckstein.
VORKOMMEN häufiges und wichtiges gesteinsbildendes Mineral in saurem Erstarrungsgestein, Schiefer und Gneis. Gute Kristalle kommen in Granitpegmatiten vor. Weltweit verbreitet, vor allem in der Schweiz, Italien, Frankreich, Großbritannien, Madagaskar, Ceylon, USA (New England, Pennsylvania, Arkansas, Colorado, Texas, Nevada und Kalifornien).

MOHSHÄRTE: 6,0

SPEZIFISCHES GEWICHT: 2,57

KRISTALLSYSTEM: monoklin

ADULAR $KAlSi_3O_8$
SILIKATE

MERKMALE blättrige bis prismatische, weiße bis transparente Kristalle mit perligem Glanz. Kommt in kristallinem Schiefer vor.
FARBE klar bis weiß.
GLANZ Perlglanz.
STRICHFARBE weiß.
TRANSPARENZ durchsichtig bis durchscheinend.
SPALTBARKEIT vollkommen auf 001, gut auf 010.
BRUCH uneben.
TENAZITÄT spröde.
FORMEN blättrige bis prismatische Kristalle mit gestreckten Flächen auf 110.
VERZWILLINGUNG häufig auf 021.

VARIETÄTEN keine.
VERWENDUNG Mineraliensammlungen.
VORKOMMEN Adular ist die reinste Form des Orthoklas, der in Granit, Granitgneis und Schiefer zu finden ist. Er kommt in offenen Drusen und Pegmatitadern vor, begleitet von anderen Granitmineralien. Schweiz, Österreich, Italien.

MOHSHÄRTE: 6,0

SPEZIFISCHES GEWICHT: 2,56

KRISTALLSYSTEM: monoklin

PLAGIOKLAS $NaAlSi_3O_8$ bis $CaAl_2Si_2O_8$
SILIKATE

MERKMALE weiße bis graue, rhombische bis tafelige Kristalle, oft mit polysynthetischer Zwillingsbildung, die als feine, parallele Riefelung auf Kristallflächen zu sehen ist. In fast allen Erstarrungs- und Metamorphgesteinen zu finden.
FARBE weiß bis graublau oder rötlich.
GLANZ Glas- bis Perlglanz.
STRICHFARBE farblos.
TRANSPARENZ meist durchscheinend, manchmal durchsichtig.
SPALTBARKEIT rechtwinklig auf 001 und 010.
BRUCH uneben.
TENAZITÄT spröde.
FORMEN tafelig.

VERZWILLINGUNG verbreitet polysynthetische Zwillinge.
VARIETÄTEN Albit, Oligoklas, Andesin, Labradorit, Bytownit und Anorthit. Eine kontinuierliche Mischungsreihe vom natriumhaltigen Albit zum kalziumhaltigen Anorthit, die sich nur durch spezielle Testverfahren unterscheiden läßt.
VERWENDUNG Porzellanherstellung, Schmuckstein.
VORKOMMEN häufiges und wichtiges gesteinsbildendes Mineral in fast allen Erstarrungsgesteinen, gute Kristalle jedoch nur in Pegmatiten und in ähnlichen Drusen und Gängen zu finden. Weltweit verbreitet.

MOHSHÄRTE: 6,0	SPEZIFISCHES GEWICHT: 2,6–2,7	KRISTALLSYSTEM: triklin	

LABRADORIT $NaAlSi_3O_8$ (30–50 Prozent) $CaAl_2Si_2O_8$ (70–50 Prozent)
SILIKATE

MERKMALE ausgeprägt bläuliches Schillern durch feine polysynthetische Zwillingsbildung, die Interferenzstreifen verursacht.
FARBE mittel- bis dunkelgrau.
GLANZ Seiden- bis Perlglanz.
STRICHFARBE farblos.
TRANSPARENZ durchscheinend bis fast durchsichtig.
SPALTBARKEIT vollkommen auf 001.
BRUCH uneben, manchmal muschelig.
TENAZITÄT spröde.
FORMEN meist körnig mit großen Kristallen.
VERZWILLINGUNG lamellenförmige, polysynthetische Zwillingsbildung auf 010.
VARIETÄTEN gehört zur Mischungsreihe

der Plagioklas-Feldspate.
VERWENDUNG als Zierstein in der Bauindustrie, wenn es als monomineralischer Stein auftritt.
VORKOMMEN meist in tiefem bis mittlerem Erstarrungsgestein wie Diorit, Andesit und Basalt, begleitet von Augit und Hornblende. Weltweit, vor allem in Skandinavien, Grönland, Italien, Rumänien, USA (New York), Kanada (Labrador, Ontario, Quebec).

MOHSHÄRTE: 6,3	SPEZIFISCHES GEWICHT: 2,6	KRISTALLSYSTEM: triklin	

SODALITH $Na_8(Al_6Si_6O_2)Cl_4$
SILIKATE

MERKMALE meist als lavendelblaue, dodokaedrische Kristalle oder Aggregate in phonolithischem Vulkangestein zu finden.
FARBE lavendelblau bis grünlichgelb.
GLANZ Glasglanz.
STRICHFARBE farblos.
TRANSPARENZ durchsichtig bis durchscheinend.
SPALTBARKEIT parallel zu den dodokaedrischen Flächen.
BRUCH uneben, manchmal muschelig.
TENAZITÄT spröde.
FORMEN dodokaedrische Kristalle.
VERZWILLINGUNG keine.
VARIETÄTEN keine.
VERWENDUNG Mineraliensammlungen.

VORKOMMEN in mittlerem Erstarrungsgestein wie Phonolith. Österreich, Italien, Norwegen, Grönland, USA (Maine, Massachusetts), Kanada (Quebec, British Columbia).

MOHSHÄRTE: 5,5–6,0	SPEZIFISCHES GEWICHT: 2,3	KRISTALLSYSTEM: kubisch

LASURIT $(Na,Ca)_{4-8}(Al_6Si_6O_{24}).(SO_4,S)_{1-2}$
(LAPISLAZULI) SILIKATE

MERKMALE in intensivem Berliner Blau leuchtende, dodokaedrische Kristalle (selten) bis derbe Aggregate, meist in kontaktmetamorphen Zonen und Granitintrusionen zu finden.
FARBE Berliner Blau bis himmelblau.
GLANZ Glasglanz.
STRICHFARBE blau.
TRANSPARENZ durchscheinend.
SPALTBARKEIT unvollkommen, parallel zu den Kristallflächen.
BRUCH uneben.
TENAZITÄT spröde.
FORMEN selten dodokaedrische Kristalle und Würfel, meist als derbe Aggregate.
VERZWILLINGUNG keine.

VARIETÄTEN Synonym für Lapislazuli und Hauyn.
VERWENDUNG Schmuckstein, Mosaike, Farbpigmente.
VORKOMMEN in Kalkstein mit kontaktmetamorpher Veränderung durch Granitintrusionen. Rußland, Afghanistan, Iran, Chile.

MOHSHÄRTE: 5,0–5,6	SPEZIFISCHES GEWICHT: 2,3–2,4	KRISTALLSYSTEM: kubisch

LEUCIT KalSi₂O₆
$LEUCIT$ $KalSi_2O_6$

SILIKATE

MERKMALE ausgeprägt trapezoedrische Kristalle in jungem Vulkangestein trachytischer bis phonolithischer Zusammensetzung. Einige Kristalle fluoreszieren unter ultraviolettem Licht.
FARBE weiß bis aschgrau.
GLANZ glasig bis matt.
STRICHFARBE farblos.
TRANSPARENZ meist undurchsichtig, gelegentlich durchscheinend.
SPALTBARKEIT unvollkommen auf 110.
BRUCH muschelig.
TENAZITÄT spröde.
FORMEN oft in charakteristischen Ikositetraedern (»Leucitoedern«), im Gestein eingewachsenen Kristallen.

VERZWILLINGUNG keine.
VARIETÄTEN keine.
VERWENDUNG Mineraliensammlungen.
VORKOMMEN in pottaschehaltigem, quarzarmem Vulkangestein wie Syenit und Trachyt. Weltweit, vor allem in Italien, USA (New Jersey, Arkansas, Wyoming), Kanada (British Columbia).

MOHSHÄRTE: 5,0–5,6

SPEZIFISCHES GEWICHT: 2,5

KRISTALLSYSTEM:
tetragonal-kubisch

STILBIT (Ca,Na₂,K₂)Al₂Si₇O₁₈.7H₂O
$STILBIT$ $(Ca,Na_2,K_2)Al_2Si_7O_{18}.7H_2O$

(DESMIN) SILIKATE

MERKMALE taillierte, tafelige, weiße Kristalle als Spaltenfüllung oder in Klüften basaltischen Vulkangesteins.
FARBE weiß bis bräunlichrot.
GLANZ Glas- bis Seidenglanz.
STRICHARBE farblos.
TRANSPARENZ durchsichtig bis durchscheinend.

SPALTBARKEIT vollkommen auf 010.
BRUCH uneben.
TENAZITÄT spröde.
FORMEN tafelige Kristalle, zu garbenartigen Büscheln verwachsen, was sie tailliert wirken läßt.
VERZWILLINGUNG häufig auf 001, gelegentlich einander durchwachsend oder kreuzförmig.
VARIETÄTEN keine.
VERWENDUNG Mineraliensammlungen.
VORKOMMEN als Spaltenfüllung oder in Drusen und Klüften basaltischen Vulkangesteins. Island, Großbritannien, Indien, Kanada (Nova Scotia), USA (New Jersey).

MOHSHÄRTE: 3,5–4,0

SPEZIFISCHES GEWICHT: 2,0

KRISTALLSYSTEM:
monoklin

GESTEINE

GESTEINSARTEN

Gesteine sind »Ansammlungen« verschiedener Mineralien in fester Form. Manche Arten, wie Kalk- und Sandstein, bestehen nur aus einem Mineral. Es gibt drei Arten von Gesteinen: Sedimentgestein, magmatisches oder Erstarrungsgestein und metamorphes Gestein.

Sedimentgestein ist geschichtet. Es ist feinkörnig, wenn es nicht aus Fragmenten älterer Gesteine wie Kiesen, Sanden, spitzen Bruchstücken älterer Gesteine, zerbrochenen Muscheln, abgerundeten Mineralienkörnern und Umwandlungsmineralien wie Ton zusammengesetzt ist. Kalkstein ist leicht zu bestimmen, weil er in verdünnter Salzsäure lös-

Magmatische Gesteine, z. B. Granit, sind oft grobkörnig.

lich ist. Viele Sedimentgesteine enthalten auch Fossilien. Bei magmatischen Gesteinen handelt es sich dagegen um nicht geschichtete Tiefengesteine oder Eruptivgesteine. Sie können extrem grobkörnig (Granit), fein (Andesit) oder glasig (Obsidian) sein und beste-

hen aus Mineralien, die sich aus einer geschmolzenen Masse kristallisiert haben.

Metamorphe Gesteine sind Sedimente oder magmatische Gesteine, die sich durch Hitze und/oder Druck verändert haben. Da sie aus früheren magmatischen, Sediment- oder auch metamorphen Gesteinen entstanden sind, fällt ihr Erscheinungsbild auch sehr unterschiedlich aus. Man unterscheidet sie nach den Arten der Mineralien, die sie enthalten, und nach ihrem Gefüge. Metamorphe Gesteine, die sich durch große Hitzeeinwirkung gebildet haben, kommen meist in den Randzonen von Tiefengesteinen vor, die wegen ihrer großen Hitze das umgebende Gestein verändert und auch zur Bildung neuer Mineralien wie Andalusit und Granat beigetragen haben. Regionalmetamorphes Gestein kommt in den unteren Schichten von Gebirgszügen vor, wo sehr hoher Druck und hohe Temperaturen plattenartige Mineralien (z. B. Glimmer) und Hochdruckmineralien (z. B. Staurolith) haben entstehen lassen.

PHYSIKALISCHE EIGEN-SCHAFTEN VON GESTEINEN

Bei Gesteinen identifiziert man Fundstücke nach der Art der Zusammensetzung, dem Gefüge und der Entstehungsart. Jede größere Gesteinsart hat ihr eigenes Gefüge. Bei Sedimentgesteinen unterscheidet man folgende Arten:

Klastisches Gefüge: besteht aus Bruchstükken und verwitterten Fragmenten bereits bestehender Gesteine und/oder Mineralien und/oder Muschelstücken; die einzelnen Bestandteile klastischen Gesteins können durch Kalkspat, Eisenoxid etc. verkittet sein.

Kristallines Gestein: besteht aus Kristallen, die durch Lösung ausgefällt wurden und wie die Teile eines dreidimensionalen Puzzles zusammengefügt sind, was dem Stein ohne Bindemittel eine hohe Festigkeit gibt (z. B. Kalkstein).

Organisches Gestein: besteht vorwiegend aus gut erhaltenen Bruchstücken wie z. B. von Pflanzen, Muscheln oder Knochen (z. B. Kohle, Muschelkalk).

Magmatisches Gestein findet sich in folgenden Formen:

Körniges Gefüge: besteht aus mit bloßem Auge erkennbaren Kristallkörnern, die Korngröße variiert von 0,5 mm bei Andesit bis über 5 mm bei Granit.

Aphanisches oder mikrokristallines Gefüge: besteht aus winzigen Kristallen, die nur unter dem Mikroskop oder mit einer starken Lupe zu erkennen sind und die dem Gestein, wenn sie gerichtet sind, ein Fließgefüge geben (z. B. Basalt).

Glasiges Gefüge: besteht aus Gesteinsglas, das manchmal aufgrund einer mikrokristallinen Bänderung gestreift ist und oft Mikrokristalle von Feldspat enthalten kann (z. B. Obsidian).

Pyroklastisches Gefüge: Vulkangesteine, bei denen das Magma durch explosionsartige Eruption erschüttert wurde und die daher aus winzigen Splittern Vulkanglas, Bimsbruchstücken, Kristallen oder Gesteinstrümmern bestehen können; als junges Gestein können sie locker oder verfestigt vorkommen, älteres Gestein kann durch Verwitterung zu Tongesteinen umgewandelt sein (z. B. Tuff, Ignimbrite).

Porphyrisches Gefüge: größere Kristalle – Einsprenglinge –, eingebettet in eine feinere Grundmasse; einige der größeren Kristalle lassen sich als »Megakristalle« bezeichnen, die durch den Ersatz anderer Mineralien in nahezu festem Gestein gewachsen sind – ein Merkmal vieler Granitgesteine.

Fließgefüge: Mineralien sind in parallelen Bändern angeordnet, manchmal verzerrt durch die Fließrichtung des noch heißen und plastischen Gesteins (z. B. Rhyolith mit Fließgefüge).

Metamorphes Gestein unterscheidet man nach folgenden Merkmalen:

Feinschieferiges Gefüge: mikrokristallines Gestein, in dem Mineralien wie Glimmer

Sandstein ist ein klastisches Sedimentgestein, dessen Körner durch Eisenoxid verkittet sind.

– BESTIMMUNGSTABELLE FÜR MAGMATISCHES GESTEIN –

GEFÜGE	ORTHOKLAS		PLAGIOKLAS			KEIN FELDSPAT
	+ Quarz	– Quarz	+ Quarz	– Quarz	Pyroxen	+ Olivin
	+ Glimmer	+ Leucit/Nephelin	– Biotit und/oder Hornblende		– Olivin / + Olivin	
KÖRNIG	Granit	Syenit	Granodiorit	Diorit	Gabbro / Olivingabbro	Pikrit/Peridotit
FEINKÖRNIG	Mikrogranit	Porphyrit			Dolerit / Olivindolerit	
MIKRO-KRISTALLIN	Rhyolit	Trachyt Phonolith	Dazit	Andesit	Basalt / Olivinbasalt	
GLASIG	Obsidian (massiv) Bimsstein (schaumiges Glas) Pechstein (pechartig)		Glas		Tachylit (wie Obsidian, aber undurchsichtig)	
PYROKLASTISCH (vulkanische Ablagerungen)	vulkanische Asche (unverfestigte Niederschläge <4 mm), vulkanische Bomben Tuff (verfestigte Niederschläge und Ascheströme <4 mm) Brekzie (kantige Gesteinsbruchstücke >4 mm)					

Anmerkung: Zwischen allen Kategorien sind Abstufungen möglich.

parallel angeordnet sind, weshalb sich das Gestein leicht entlang der Spaltflächen des Glimmers spalten läßt (z. B. Tonschiefer).
Grobschieferiges Gefüge: Mineralien wie Glimmer, Chlorit und Hornblende sind in gut erkennbaren parallelen Schichten angeordnet, und durch die Schichtung läßt sich das Gestein leicht spalten (z. B. Glimmerschiefer).
Gneisiges Gefüge: gekennzeichnet durch grobe Schieferung mit einzelnen Bändern von bis zu mehreren Zentimetern Dicke, die größere Kristalle völlig umschließen, wie bei Augengneis; alle Mineralien sind grobkörnig und leicht zu identifizieren (z. B. Gneis).
Granoblastisches Gefüge: vorwiegend große Mineralienkörner, die zur selben Zeit kristallisiert sind und sich daher gegenseitig durchdringen; die Körner bleiben groß genug, um sie leicht unterscheiden zu können (z. B. Grauwacke).
Hornfelsgefüge: dichtes, feinkörniges Gestein, das in scharfkantige Bruchstücke zerbricht (z. B. Hornfels).
Gebändert: die Komponenten treten in klar abgegrenzten Bändern auf (z. B. Gneis).

- BESTIMMUNGSTABELLE FÜR METAMORPHES GESTEIN -

MEIST GESCHICHTET (gebändert oder geschiefert)			
GEFÜGE	NAME	ZUSAMMENSETZUNG	URSPRUNGSGESTEIN
FEINSCHIEFERIG	Tonschiefer	Glimmer und Quarz	Schieferton, Tuff
GROBSCHIEFERIG	Chloritschiefer	Chlorit, Plagioklas, Epidot	Tuff, Andesit, Basalt
	Glimmerschiefer	Muskovit, Biotit, Quarz	Schieferton, Tuff, Rhyolit
	Granatschiefer	Muskovit, Biotit, Quarz, Granat	kalkreicher Schieferton, Tuff
GNEISIG	Gneis	Feldspat, Quarz, Glimmer, Amphibole, gelegentlich Granat	geschmolzenes Granit- oder Sedimentgestein
GEBÄNDERT	Migmatit	Feldspat, Quarz, Biotit und Amphibole	saures und basisches Gestein
UNGESCHICHTET (oder leicht geschichtet)			
GEFÜGE	NAME	ZUSAMMENSETZUNG	URSPRUNGSGESTEIN
HORNFELSIG	Hornfels	abhängig vom Ursprungsgestein	feinkörniges Sedimentgestein
GRANOBLASTISCH	Quarzit	Quarz	Sandstein
	Marmor (R)*	Kalkspat, Kalzium und Magnesiumsilikate	Kalkstein oder Dolomit
	Amphibolit	Hornblende, Plagioklas, Quarz, Granat	basisches Tiefengestein

(R): reagiert mit Salzsäure

- SYMBOLE IM BESTIMMUNGSTEIL FÜR GESTEINE -

Bei den zu jedem Gestein abgebildeten Symbolen handelt es sich um die üblichen Symbole, die in geologischen Diagrammen oder Karten die jeweilige Gesteinsart darstellen.

GESTEINE BESTIMMEN

KONGLOMERAT
SEDIMENTGESTEIN

MERKMALE gerundete Kiese und Schotter in einer feinkörnigen Grundsubstanz, hat manchmal Ähnlichkeit mit grobem Beton.
FARBE unterschiedlich, je nach Art der Gesteinstrümmer.
GEFÜGE unterschiedlich.
ZUSAMMENSETZUNG abgerundete Gesteinsfragmente in feinkörniger Grundsubstanz.
ENTSTEHUNG aus Schotter-, Kies- und Geröllablagerungen im Meer sowie in Seen und Flüssen. Oft in der Nähe von Sandstein- und Arkoseablagerungen.
VARIETÄTEN keine.
VERWENDUNG Füllmaterial, zu Dekorationszwecken (besonders feste Sorten werden dafür geschnitten und poliert).
VORKOMMEN weltweit.

BREKZIE
SEDIMENTGESTEIN (BRECCIA)

MERKMALE ähnlich wie Konglomerat, die Gesteinstrümmer in der feinkörnigen Grundsubstanz sind jedoch scharfkantig; von Agglomerat (dem vulkanischen Äquivalent) durch die sedimentäre Entstehung unterschieden.
FARBE unterschiedlich, je nach Art der Gesteinstrümmer.
GEFÜGE kantige Gesteinsfragmente in feinkörniger Grundsubstanz.
ZUSAMMENSETZUNG Brekzie kann Gesteinsbruchstücke jeglicher Art enthal-

ten. Die Grundsubstanz besteht in der Regel aus feinem Sand oder Schwemmsand, gebunden durch Kiesel oder Kalkspat.
ENTSTEHUNG aus Geröll oder Bruchzonen. Oft in der Umgebung von Konglomerat, Arkose und Sandstein zu finden.
VARIETÄTEN benannt nach der Gesteinsart, aus der es besteht.
VERWENDUNG Schotter, in sehr fester Form auch als Zierstein.
VORKOMMEN weltweit.

SANDSTEIN
Sedimentgestein

MERKMALE Sand, dessen Körner mit Kiesel oder Kalkspat gebunden sind. Kann locker und weich oder hart und kompakt vorkommen.

FARBE hellbraun bis bräunlich, manchmal rötlich durch Eisenoxide oder grünlich durch Glaukonit.

GEFÜGE sandig mit Korngrößen von 2 bis 0,06 mm Durchmesser.

ZUSAMMENSETZUNG Sandkörner (Quarz), Bindemittel Kiesel oder Kalkspat.

ENTSTEHUNG verfestigte und/oder verkittete alte Ablagerungen an Stränden, in Flüssen, Flußmündungen, Seen und Wüsten. Vorkommen als dicke, geschichtete Bänke in sedimentären Schichtfolgen, die oft Fließ- oder Dünenschichtung aufweisen.

VARIETÄTEN Quarzsandstein mit verkitteten abgerundeten oder eckigen Quarzkörnern; Grauwacke (siehe Grauwacke); Arkose, ein feldspathaltiger Sandstein; Kalksandstein mit einem hohen Kalkspatanteil, meist als Bindemittel.

VERWENDUNG Bauindustrie.

VORKOMMEN weltweit verbreitet.

ARKOSE
Sedimentgestein

MERKMALE feldspathaltiger Sandstein; weist manchmal Schichtung auf, aber selten Fossilien; schäumt in verdünnter Salzsäure leicht auf, was auf Kalkspat als Bindemittel hinweist.

FARBE hellbraun bis bräunlichgrau oder rosa.

GEFÜGE meist mittlere Körnung (durchschnittlich 2 mm), kann aber auch feinkörnig sein (2 mm bis 0,06 mm); Mineralkörner sind nicht verzahnt.

ZUSAMMENSETZUNG Quarzsandstein mit mehr als einem Viertel Feldspatgehalt, Bindemittel Kalkspat oder Eisenoxid; kann auch Glimmer enthalten.

ENTSTEHUNG durch rasche Verwitterung, Transport und Ablagerung von Granitgestein.

VARIETÄTEN keine.

VERWENDUNG als Baumaterial, als Mühlstein für Kornmühlen.

VORKOMMEN weltweit verbreitet.

GRAUWACKE
Sedimentgestein

MERKMALE spärlich strukturierter dunkelgrauer bis grünlicher, feinkörniger Sandstein.
FARBE unterschiedliche Schattierungen von dunkelgrau bis grünlichgrau.
GEFÜGE körnig, feinkörnig.
ZUSAMMENSETZUNG Quarz, Plagioklas und winzige Gesteinsbruchstücke in einer Grundmasse aus mikroskopisch kleinen Teilen Quarz, Feldspat, Ton und anderen Mineralien, die nur unter dem Mikroskop erkennbar sind.
ENTSTEHUNG am Grund von Meeresgräben am Rande von Festlandsockeln durch Lawinen submariner Sedimente; kommt in Verbindung mit schwarzem Schieferton aus der Tiefsee vor.

VARIETÄTEN Feldspatgrauwacke mit hohem Feldspatanteil; Steingrauwacke mit einem hohen Gehalt winziger Gesteinsfragmente.
VERWENDUNG keine von Bedeutung.
VORKOMMEN weltweit verbreitet, vor allem im Grenzbereich alter Faltengebirge.

SCHIEFERTON
Sedimentgestein

MERKMALE läßt sich leicht entlang klar erkennbarer Ebenen parallel zur ursprünglichen Schichtung in dünne Blätter spalten; hellbrauner bis grauer, sehr feinkörniger Schluffstein.
FARBE hellbraun bis grau in Abstufungen.
GEFÜGE feinkörnig (bis 0,6 mm).
ZUSAMMENSETZUNG komplexes Gemenge aus mikroskopisch kleinen Tonmineralien, Glimmer und Quarz.
ENTSTEHUNG aus alten Schlammablagerungen, kommt in den meisten sedimentären Schichtfolgen mit feinem Sandstein und Kalkstein vor.
VARIETÄTEN vermutlich Schlammton.
VERWENDUNG Fossilienquelle.
VORKOMMEN weltweit verbreitet.

KALKSTEIN
SEDIMENTGESTEIN

MERKMALE weißliches, kompaktes Gestein, das in verdünnter Salzsäure aufschäumt; oft reich an Fossilien.
FARBE weiß bis gelblich oder grau; schwarze Varietäten enthalten Kohlenwasserstoff.
GEFÜGE unterschiedlich; kompakt, oolithisch, kristallin, erdig-körnig, erbsenförmig, muschelig.

ZUSAMMENSETZUNG meist Kalziumkarbonat.
ENTSTEHUNG Ablagerungen in Urmeeren durch Ausfällung oder Ansammlung kalkspatreicher Muscheln und Schalen, Korallenriffen und in der Umgebung heißer Quellen.
VARIETÄTEN kristalliner Kalkstein mit granoblastischen Kalziumkarbonatkristallen;

Krinoidenkalk mit vielen Fragmenten fossiler Krinoiden; Oolithkalk mit winzigen Oolithen aus Kalziumkarbonat; Pisolith oder Erbsenstein mit (bis zu 4 mm) großen Oolithen; Riffkalk mit vielen Korallenfossilien.
VERWENDUNG Zementherstellung, (örtlich) als Baustein, Tafelkreide.
VORKOMMEN weltweit verbreitet.

KREIDEKALK
SEDIMENTGESTEIN

MERKMALE weißes, poröses Gestein, das in verdünnter Salzsäure aufschäumt; enthält oft Lagen von Feuersteinkonkretionen und ist reich an Fossilien.
FARBE weiß bis gelblich oder grau.
GEFÜGE feinkörnig, erdig, krümelig, porös.
ZUSAMMENSETZUNG meist Kalziumkarbonat mit geringen Mengen feinen Schluffsteins; enthält oft Feuerstein- und Pyritnester.
ENTSTEHUNG Ablagerung in Urmeeren durch Ansammlung harter Schalen (winziger Muscheln) mikroskopisch kleiner Meeresorganismen.
VARIETÄTEN keine.
VERWENDUNG Zementherstellung.
VORKOMMEN Großbritannien, Frankreich, Dänemark.

MUSCHELKALK
SEDIMENTGESTEIN

MERKMALE blaßgraues, stark fossilien-
haltiges Gestein, das in verdünnter Salzsäure aufschäumt (Vorsicht!).
FARBE grauweiß bis hellbraun oder gelb-
lichgrau.
GEFÜGE muschelig.
ZUSAMMENSETZUNG meist ganze oder
gebrochene Muschelfossilien, verkittet
durch Kalziumkarbonat.
ENTSTEHUNG Ablagerung großer Ansammlungen von Meeresmuscheln oder
von anderen kalkhaltigen Organismen in
seichtem Wasser.
VARIETÄTEN keine.
VERWENDUNG Fossilienquelle.
VORKOMMEN weltweit verbreitet.

DOLOMITSTEIN
SEDIMENTGESTEIN

MERKMALE blasser farbiger massiver
Kalkstein, der oft kleine Hohlräume ent-
hält; manchmal von Eindampfungsablage-
rungen aus Gips und Steinsalz begleitet.
FARBE cremeweiß bis blaßbraun.
GEFÜGE grob- bis feinkörnig; oft dicht.
ZUSAMMENSETZUNG Magnesiumkar-
bonat, zuweilen mit geringen Mengen
Quarz und anderen Ursprungsmineralien.
ENTSTEHUNG oft in Schichtenfolge mit
kalkspatreichem Kalkstein; kann aber auch
dicke, massive Ablagerungen bilden.
VARIETÄTEN manchmal auch als Magne-
siumkalkstein bezeichnet.
VERWENDUNG Schotter.
VORKOMMEN weltweit.

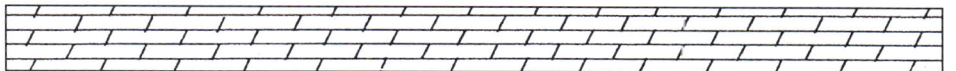

65

KOHLE
SEDIMENTGESTEIN

MERKMALE schwarzes, schmutzendes, hartes bis bröckelndes Gestein, das mit leuchtend gelber Flamme brennt.
FARBE matt erdigschwarz bis schimmernd metallischschwarz.
GEFÜGE dicht, spröde.
ZUSAMMENSETZUNG stark verdichtete Pflanzenrückstände.
ENTSTEHUNG Überreste von Urwäldern, die vorwiegend an tropischen Flußmündungen wuchsen; kommt meist in dicken Flözen aus dem Karbon vor, obwohl es auch in Gesteinen anderer Erdzeitalter dünne Steinkohleschichten gibt.
VARIETÄTEN Kännelkohle, bräunlich-schwarz; Steinkohle, spröde, manchmal mit glitzrigen Streifen; Anthrazit, spröde, schwarz, schimmernd.
VERWENDUNG Hausbrandkohle und Brennstoff in der Industrie.
VORKOMMEN USA (Pennsylvania), Süd-rußland, Ukraine, Großbritannien, China, Afrika.

SEPTARIEN
SEDIMENTGESTEIN

MERKMALE kugelige Gebilde, die oft Muschelfragmente oder andere Kernein-schlüsse enthalten; bestehen aus Sandstein oder Ton, verkittet durch Kalkspat oder Kiesel; schneidet oder bricht man die Kugel auf, sind im Inneren die Schrumpfhohl-räume zu erkennen, die meist mit Kalkspat gefüllt sind.
FARBE unterschiedlich, grau bis hell- oder dunkelbraun mit weißlichgelber Kalkspat-füllung in radialstrahligen Spalten und Hohlräumen.
GEFÜGE meist feinkörnig.
ZUSAMMENSETZUNG unterschiedlich, je nach Ursprung; Sand, Schluff oder Ton mit Kalkspat.
ENTSTEHUNG in feinkörnigen oder toni-gen Sedimenten.
VARIETÄTEN keine.
VERWENDUNG geschnitten und poliert als Zierstein.
VORKOMMEN weltweit.

GRANIT
MAGMATISCHES GESTEIN

MERKMALE körniges Gemenge aus Feldspat und Quarz mit Biotit und Muskovit als Nebengemengteilen; Feldspat kommt sowohl fleischfarben als auch weiß vor. Weißer Feldspat kann die für Plagioklas typischen Zwillingsstreifen aufweisen; der andere Feldspat ist fast mit Sicherheit Orthoklas; Quarz erscheint in Form von grauen, glasigen Körnern. Biotit ist schwarz, Muskovit weiß oder silbrig, beide funkeln oder schimmern im Licht.

FARBE siehe oben.

GEFÜGE körnig, grobkörnig, oft porphyrisch mit Feldspatkristallen von bis zu 10 cm Größe.

ZUSAMMENSETZUNG Der Anteil an Orthoklas-Feldspat ist immer größer als der an Plagioklas-Feldspat. Wenn Plagioklas überwiegt, handelt es sich vermutlich um Granodiorit. Große, weiße bis lachsrosafarbene Kalifeldspatkristalle in einer Grundsubstanz aus glasigem Quarz, weiß-/rosafarbenem Orthoklas, weißem Plagioklas, schwarzem Biotit und silbrigem Muskovit. Als Nebengemengteile kommen auch goldener Pyrit und silbrigschwarzes Magnetit vor.

ENTSTEHUNG in Verbindung mit Faltengebirgen (wie Himalaya, Anden, Ural, Appalachen und Rocky Mountains); Granit markiert oft die Position alter Faltengebirgszüge.

VARIETÄTEN zahlreich; immense Vielfalt in Körnigkeit und Farbe — extrem grobkörniger Pegmatit, feinkörniger Mikrogranit, zuckerartiger Aplit. Bei Kugelgranit bilden die Mineralbestandteile eiförmige oder kugelige Gefüge.

VERWENDUNG Pflastersteine, Bausteine; hat geringe Feuerfestigkeit, da er bei großer Hitze bröckelt.

VORKOMMEN weltweit verbreitet.

- VARIETÄTEN -

Pegmatit

SYENIT
MAGMATISCHES GESTEIN

MERKMALE Gefüge und Zusammensetzung.
FARBE weiß, rötlichgrau bis grau.
GEFÜGE grob bis sehr grobkörnig.
ZUSAMMENSETZUNG Der Orthoklasanteil in Syenit überwiegt den des Plagioklas (wenn Plagioklas dominiert, handelt es sich vermutlich um Diorit). Quarz fehlt, aber als Nebengemengteil sind in geringen Mengen Hornblende, Glimmer, Augit und Magnetit vorhanden, die bei grobkörnigen Fundstücken gut zu erkennen sind. Auch Nephelin und Leucit können enthalten sein.
ENTSTEHUNG ein recht seltenes Gestein, das in der Umgebung von Granit vorkommen kann, meist aber in Magmakammern unter vulkanischem Trachyt (dem feinkörnigen Äquivalent des Syenits).
VARIETÄTEN Syenit, der mehr Orthoklas als Plagioklas und kein Quarz enthält; Nephelinsyenit, der Orthoklas und Nephelin enthält; und Anorthosit, der größtenteils Plagioklas enthält (Labradorit).
VERWENDUNG Bauindustrie; wegen seiner Hitzebeständigkeit dem Granit überlegen.
VORKOMMEN weltweit, vor allem in den Alpen, Deutschland, Norwegen, Azoren, Afrika, Rußland, USA (New England, Arkansas, Montana und andere Bundesstaaten).

GRANODIORIT
MAGMATISCHES GESTEIN

MERKMALE Gefüge, Farbe und Verhältnis von Plagioklas- und Orthoklasanteil sowie Vorhandensein von Quarz (manchmal ist polysynthetische Verzwillingung an Plagioklaseinsprenglingen als feine Riefenbildung zu erkennen). Vorkommen in granitischen Massiven.
FARBE blaß- bis mittelgrau.
GEFÜGE körnig, grobkörnig, oft mit Feldspat-, Hornblende- oder Glimmereinsprenglingen.
ZUSAMMENSETZUNG mehr Plagioklas als Orthoklas, sowie Quarz; in geringeren Mengen auch Biotit, Hornblende, Apatit und Titanit.
ENTSTEHUNG in Begleitung von granitischen Batholiten zu finden; bildet große Intrusivmassen in den unteren Regionen von Gebirgszügen.
VARIETÄTEN Hornblendebiotitgranit, bei dem es sich aber eigentlich um Granodiorit handelt.
VERWENDUNG Pflastersteine.
VORKOMMEN weltweit, vor allem in Skandinavien, Brasilien, Kanada, USA (Kalifornien hat 9065 Quadratkilometer Granodiorit).

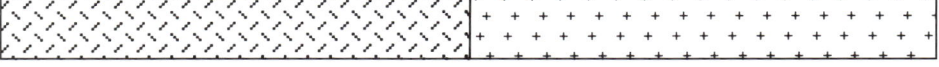

DIORIT
MAGMATISCHES GESTEIN

MERKMALE Gefüge, Zusammensetzung, Vorkommen.

FARBE dunkelgrau, dunkel-grünlichgrau bis schwarz, je nach Anteil der dunklen Mineralien.

GEFÜGE körnig, wenn auch nicht sehr grob; Hornblendekristalle können den Eindruck einer porphyrischen Textur erwecken.

ZUSAMMENSETZUNG mehr Hornblende als Feldspat, mehr Plagioklas als Orthoklas; Quarz ist nur selten vorhanden, in diesem Fall handelt es sich um Granodiorit.

ENTSTEHUNG in Verbindung mit Granit- und Gabbro-Intrusionen, mit denen sie leicht verschmolzen sein können.

VARIETÄTEN Granodiorit, wenn geringe Mengen Quarz vorhanden sind.

VERWENDUNG als Dekorstein – läßt sich gut polieren.

VORKOMMEN weltweit, vor allem in den unteren Erosionszonen von Faltengebirgen.

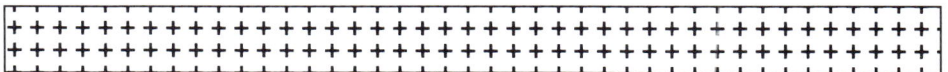

GABBRO
MAGMATISCHES GESTEIN

MERKMALE Farbe, Körnigkeit, Vorherrschen von Pyroxen und Olivin; kann wegen der Größe der Pyroxene porphyrisch wirken.

FARBE dunkelgrau, dunkel-grünlichgrau bis schwarz.

GEFÜGE grobkörnig, selten porphyrisch; manchmal gebändert, Ähnlichkeit mit Gneis.

ZUSAMMENSETZUNG vorwiegend Pyroxen und Plagioklas mit gleich hohem oder höherem Pyroxenanteil. Häufig ist Olivin enthalten sowie Eisenerzkörner (Magnetit und/oder Ilmenit) und bronzefarbener Biotit.

ENTSTEHUNG als Plutone und ähnlich große Gebilde, aber nicht so groß wie Granit; auch als große Platten, die häufig

wertvolle Erzablagerungen enthalten (z. B. am Lake Superior).

VARIETÄTEN Olivingabbro, wie Gabbro aber mit Olivin-Einsprenglingen.

VERWENDUNG Bauindustrie, für Grabsteine, da gut polierbar, als Quelle von Eisen-, Nickel- und Kupfererzen (zum Beispiel Sudbury-Erze in Ontario, Kanada).

VORKOMMEN Schottland, Skandinavien, Kanada, England, Deutschland, USA (New England, New York, Minnesota, Kalifornien, in geringeren Mengen auch in anderen Bundesstaaten).

PERIDOTIT *(und andere Tiefengesteine)*
MAGMATISCHES GESTEIN

MERKMALE in neu entstandener Form grünliche Farbe, in verwitterter Form mittelbraun; Gefüge und Zusammensetzung.
FARBE olivgrün in frischer Form, verwittert durch die Bildung von Eisenoxiden zu dunklem Ockerbraun.
GEFÜGE körnig-zuckerartig.
ZUSAMMENSETZUNG besteht fast ausschließlich aus kleinen Olivinkörnern, kann auch nennenswerte Mengen Pyroxen enthalten.
ENTSTEHUNG als kleine Intrusionen, Lagergänge oder Gangstöcke; oft durch vulkanische Aktivität aus großer Tiefe an die Oberfläche gebracht (Olivinnester in Basalt).
VARIETÄTEN Dunit, der nur aus Olivin besteht und pistaziengrün ist; Pikrit, bestehend aus Olivin und geringeren Mengen Plagioklas, blaßgrün. ZUR BEACHTUNG: Pyroxenit, das nur aus Pyroxen besteht, ist schwarz und hat eine 90-Grad-Spaltbarkeit; Hornblendit, der nur aus Hornblende besteht, ist schwarz und hat eine 120-Grad-Spaltbarkeit.
VERWENDUNG als Quelle wertvoller Erze und Mineralien wie Chromit, Platin, Nickel und Granat in Edelsteinqualität. Aus glimmerhaltigem Peridotit (Kimberlit) gewinnt man in Südafrika Diamanten.
VORKOMMEN weltweit, vor allem in Neuseeland, USA (New York, Kentucky, Georgia, Arkansas, Carolina, in geringeren Mengen auch in anderen Bundesstaaten).

DOLERIT
MAGMATISCHES GESTEIN

MERKMALE Farbe, Gefüge; wegen der geringen Korngröße sind die Hornblende- und Pyroxenanteile schwer zu unterscheiden; Plagioklas erscheint als dünne Leisten; durch eine Lupe sind Pyrit, bronzefarbener Biotit und Eisenoxid zu erkennen.
FARBE mittelgrau bis schwarz.
GEFÜGE mittel- bis feinkörnig; gelegentlich porphyrisch.
ZUSAMMENSETZUNG Pyroxene und Plagioklas mit gleich hohem oder höherem Pyroxenanteil; häufig ist auch Olivin enthalten sowie Eisenerzkörner (Magnetit und/oder Ilmenit) und bronzefarbener Biotit.
ENTSTEHUNG als Gangstöcke und Lagergänge von oft enormer Dicke; kann in der Tiefe in Gabbro übergehen (Dolerit ist das mittelkörnige Äquivalent zu Gabbro).
VARIETÄTEN Olivindolerit, ein Dolerit mit Olivineinsprenglingen.
VERWENDUNG Grabsteine, Steinmetzarbeiten, Bodenplatten, Straßenschotter.
VORKOMMEN weltweit, vor allem in Kanada (Lake Superior), Großbritannien, USA (Oststaaten – besonders Palisades Sill, und in den Weststaaten als Lavaströme, die in Basalt übergehen).

RHYOLIT
MAGMATISCHES GESTEIN

MERKMALE äußerst mikrokristallin, hellbraunes bis graues Gestein mit Fließstruktur, enthält oft Sphärolithen oder Einsprenglinge von Quarz oder Feldspat.
FARBE hellbraun bis grau, gebändert.
GEFÜGE mikrokristallin bis sehr feinkörnig.
ZUSAMMENSETZUNG wie Granit, die Kristalle sind nur unter dem Mikroskop zu erkennen.
ENTSTEHUNG als dicke Lavaströme saurer Vulkane.
VARIETÄTEN sphärolithischer Rhyolit, der runde Einsprenglinge (Sphärolithen) aus mikrokristallinem Quarz und Feldspat enthält.
VERWENDUNG Schotter.
VORKOMMEN weltweit verbreitet.

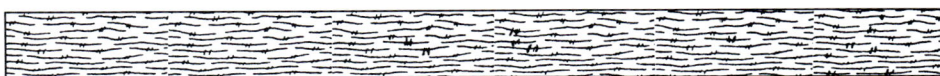

MIKROSYENIT
MAGMATISCHES GESTEIN

MERKMALE Gefüge und Zusammensetzung.
FARBE weiß bis rötlichgrau.
GEFÜGE körnig, feinkörnig bis mikrokristallin.
ZUSAMMENSETZUNG mehr Orthoklas als Plagioklas, kein Quarz; geringe Mengen Hornblende, Glimmer, Augit und Magnetit sind nur in dünnen Schnitten unter dem Mikroskop zu erkennen; auch Nephelin und Leucit können vorhanden sein.
ENTSTEHUNG ein wenig verbreitetes Gestein in Vergesellschaftung mit Syenitmassen.
VARIETÄTEN keine.
VERWENDUNG Schotter.
VORKOMMEN weltweit, vor allem in den Alpen, Deutschland, Norwegen, Azoren, Afrika, Rußland, USA (New England, Arkansas, Montana, in geringeren Mengen auch in anderen Bundesstaaten).

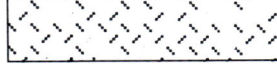

ANDESIT
MAGMATISCHES GESTEIN

MERKMALE Farbe und Gefüge; oft mit Fließgefüge und Porphyrit- und Plagioklaseinsprenglingen, die als dünne Leisten erscheinen; mit einer Lupe sind Biotit, Hornblende und Pyroxene zu sehen, die wegen ihrer geringen Größe jedoch schwer zu erkennen sind.
FARBE weiß bis schwarz, meist mittelgrau.
GEFÜGE mikrokristallin bis feinkörnig, porphyrisch und mit Fließgefüge.
ZUSAMMENSETZUNG feinkörnige Grundsubstanz aus Plagioklas mit geringeren Mengen Hornblende, Biotit und Augit, die als kleine Einsprenglinge auftreten können.
ENTSTEHUNG aus Lavaströmen und kleinen Intrusionen in Verbindung mit vulkanischen Gebirgszügen.

VARIETÄTEN Hornblendeandesit, ein Andesit mit Hornblende- und Augiteinsprenglingen.
VERWENDUNG Straßenschotter.
VORKOMMEN in großer Menge in kontinentalen Kollisionszonen wie den Anden, den Cascades, den Karpaten, Indonesien, Japan und anderen Vulkaninseln des Westpazifiks.

BASALT
MAGMATISCHES GESTEIN

MERKMALE Gefüge, Farbe, Dichte; oft mit Fließgefüge durch Eruption oder Verschlackung.
FARBE dunkel-grünlichgrau bis schwarz.
GEFÜGE dicht mit Kristallen, die mit bloßem Auge nicht zu erkennen sind, wenn sie nicht als Einsprenglinge (zum Beispiel von Augit und/oder Olivin) auftreten; feinkörniges Äquivalent zu Gabbro.
ZUSAMMENSETZUNG Pyroxen und Plagioklas mit gleich hohem oder höherem Pyroxenanteil; oftmals ist auch Olivin enthalten sowie Eisenerzkörner (Magnetit und/oder Ilmenit) und bronzefarbener Biotit; Basalt kann Olivin- oder Pyroxennester enthalten, die aus der Tiefe hochgebracht wurden.

ENTSTEHUNG als Lavaströme, Lagergänge und Gangstöcke in Verbindung mit Vulkanen.
VARIETÄTEN Olivinbasalt, ein Basalt mit Einsprenglingen von Olivin; Quarzbasalt mit geringen Mengen Quarz.
VERWENDUNG Straßenschotter, Quelle von Eisenerz, Saphiren und gediegenem Kupfer.
VORKOMMEN weltweit verbreitet, vor allem in Kanada (große Lagerstätten am Lake Superior), Grönland, Indien (Dekkantrapp), Island, Schottland, USA (Montana, Weststaaten).

OBSIDIAN
MAGMATISCHES GESTEIN

MERKMALE schwarzes Vulkanglas, an feinen Rändern durchscheinend; sind die feinen Ränder undurchsichtig, handelt es sich um Tachylit (Basaltglas).

FARBE schwarz, manchmal auch indisch-rot bis braun; hat auf glatten Flächen einen leuchtenden Glasglanz, manchmal gebändert und mit Sphärolithen.

GEFÜGE glasig; hat einen ausgeprägt muscheligen Bruch, der messerscharfe Glassplitter hervorbringt, also Vorsicht im Umgang damit!

ZUSAMMENSETZUNG Glas mit der gleichen chemischen Zusammensetzung wie Granit, Syenit oder Granodiorit; mikroskopisch kleine Pyroxenkristalle können als weiße Sprenkel vorkommen; mikrosko-pisch kleine Eisenerze ergeben bei Oxidation eine rötliche Färbung.

ENTSTEHUNG in Verbindung mit vulkanischer Aktivität als rasch abgekühlte Lavaströme.

VARIETÄTEN Pechstein, ein Gesteinsglas mit pechartigem Aussehen; Bimsstein, ein äußerst poröses Glas; Vitrophyr, ein Glas mit winzigen Einsprenglingen.

VERWENDUNG primitive Völker benutzten es zur Herstellung von Schneidwerkzeugen, Pfeil- und Speerspitzen; Schmuckstein.

VORKOMMEN weltweit verbreitet, vor allem in Island, Ungarn, Italien, Liparische Inseln, Japan, Schottland, Mexiko, Neuseeland, Rußland, USA (Yellowstone Park, Kalifornien, Oregon, Utah, New Mexico, Hawaii).

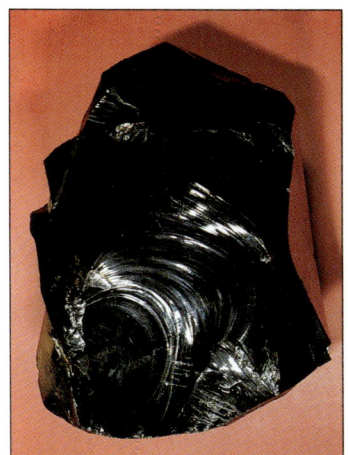

BIMSSTEIN
MAGMATISCHES GESTEIN

MERKMALE weißes oder cremeweißes, sehr poröses Gestein, bei Verwitterung an der Oberfläche blaßbraun; sehr geringe Dichte.

FARBE cremeweiß in frischem Zustand, blaßbraune Oberfläche wenn verwittert.

GEFÜGE porenreich.

ZUSAMMENSETZUNG besteht vorwiegend aus schaumigem Gesteinsglas von granitischer bis granodioritischer Zusammensetzung.

ENTSTEHUNG hauptsächlich an rhyolithischen bis dazitischen Vulkanen.

VARIETÄTEN keine.

VERWENDUNG Schleifmittel, Scheuermittel.

VORKOMMEN weltweit verbreitet.

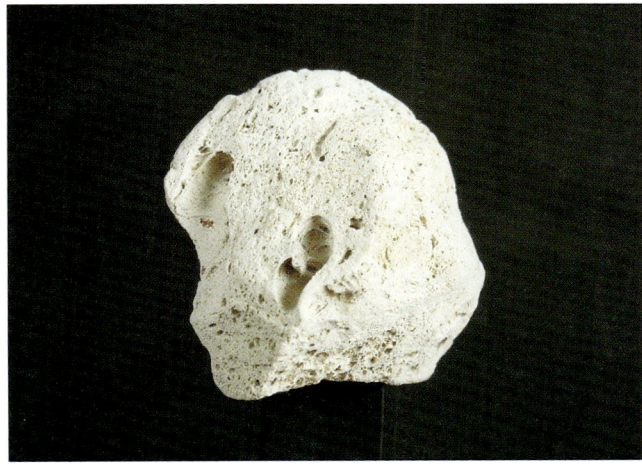

PECHSTEIN
MAGMATISCHES GESTEIN

MERKMALE schwarzes, undurchsichtiges Gesteinsglas, das unregelmäßige, weißliche Mineralienbündel enthalten kann; erinnert im Aussehen an Pech.

FARBE mattschwarz.

GEFÜGE glasig, mit leicht muscheligem Bruch.

ZUSAMMENSETZUNG Glas mit der gleichen chemischen Zusammensetzung wie Granit, Syenit oder Granodiorit; mikroskopisch kleine Pyroxenkristalle können als weißliche Sprenkel erscheinen; mikroskopisch kleine Eisenerze ergeben bei Oxidation eine rötliche Färbung.

ENTSTEHUNG Pechstein entsteht aus rasch abgekühlter Lava und daher immer in Verbindung mit Vulkanen.

VARIETÄTEN Obsidian, ein leuchtend schwarzes Gesteinsglas ohne Einsprenglinge; Bimsstein, ein äußerst poröses Glas; Vitrophyr, ein Glas mit winzigen Einsprenglingen.

VERWENDUNG Schotter.

VORKOMMEN weltweit verbreitet, vor allem in Island, Italien, Liparische Inseln, Japan, Mexiko, Neuseeland, Rußland, USA (Yellowstone Park, Kalifornien, Oregon, Utah, New Mexico, Hawaii, geringere Vorkommen auch in anderen Bundesstaaten).

VULKANISCHE ASCHE (und verwandte Gesteine)
MAGMATISCHES GESTEIN

MERKMALE kaum oder gar nicht verfestigte weiße bis schwarze Schlacke unterschiedlicher Korngröße.

FARBE unterschiedlich von reinem Weiß bis schwarz.

GEFÜGE pyroklastisch; in neu entstandener Form nicht verfestigt, bildet aber mit der Zeit harten vulkanischen Tuff.

ZUSAMMENSETZUNG je nach Zusammensetzung der Ursprungsmagma; meist basaltisch (schwarz) bis trachytisch (weiß).

ENTSTEHUNG als geschichtete Ablagerungen von Lockermassen, die bei Vulkanausbrüchen aus der Luft herabregnen; manchmal geschichtet, wenn sie aus Asche-strömen entstanden sind.

VARIETÄTEN Basaltasche, eine grobe, schlackige bis feine schwarze Asche; Trachytasche (Syenitasche), eine grobe, schlackige bis feine cremeweiße Asche; Tuff, ein dichtes, kompaktes Gestein, das von cremefarben bis gelb variiert.

VERWENDUNG Bausteine, Straßenbelag, Schleifmittel.

VORKOMMEN weltweit, immer in Verbindung mit Vulkanen.

SCHMELZTUFF

(IGNIMBRIT) MAGMATISCHES GESTEIN

MERKMALE feinkörniges bis mikrokristal-
lines, hellbraunes bis dunkelbraunes, dichtes Gestein mit Parallelstreifen oder linsen-
förmigen Einschlüssen von schwarzem
Glas.
FARBE blaß-cremefarben bis bräunlich
oder dunkel-rotbraun.
GEFÜGE feinkörnig bis mikrokristallin, oft
mit Fließgefüge.
ZUSAMMENSETZUNG gewöhnlich tra-
chytisch/phonolithisch bis andesitisch.
ENTSTEHUNG ausschließlich durch heftige
Vulkanausbrüche.
VARIETÄTEN Sillar, ein schlecht verfestig-
tes Gestein des gleichen Ursprungs wie
Schmelztuff, in dem jedoch Bimssteinblöcke
nicht zu schwarzen Glaseinschlüssen ver-

dichtet sind und das auch kaum struktu-
riert ist.
VERWENDUNG örtlich als Baumaterial,
Schotter.
VORKOMMEN weltweit
verbreitet in
Verbindung mit
andesitischen
bis phonolithischen/
trachytischen
Vulkanen.

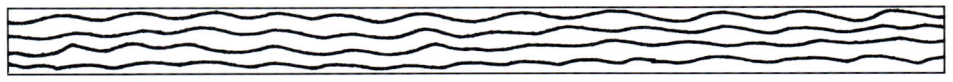

EKLOGIT

MAGMATISCHES GESTEIN

MERKMALE im allgemeinen grober,
grüner (verwittert rötlicher) Pyroxen mit
Einsprenglingen aus rotem Granat.
FARBE in frischem Zustand pistaziengrün,
verwittert rotgesprenkelt.
GEFÜGE grob- bis mittelkörnig.
ZUSAMMENSETZUNG Omphacit (grüner
Pyroxen), grüne Hornblende und roter
Granat; manchmal auch mit Kyanit und
Diamant.
ENTSTEHUNG metamorphischer Gabbro
oder Tiefenmagma, das unter hohem Druck
in großer Tiefe kristalisiert ist.
VARIETÄTEN nur grob- und mittelkörnige
Varietäten.
VERWENDUNG zu wissenschaftlichen
Zwecken.
VORKOMMEN als Blöcke im Kimberlit,
der die Diamantminen in Kimberley, Süd-
afrika, füllt, sowie in Norwegen, Schott-
land, USA und Asien.

PYROKLASTITE *(und verschiedene vulkanische Produkte)*
MAGMATISCHES GESTEIN

Dicke Bimssteinlagerstätte

VULKANISCHE BOMBE abgerundetes oder spindelförmiges Gestein meist basaltischer Struktur, von Vulkanausbrüchen.

BROTKRUSTENBOMBE abgerundetes Bimssteinbruchstück mit glatter, aber rissiger Oberfläche, die an eine Brotkruste erinnert.

ACHNELITHE kleine Vulkanglasauswürflinge in Form von Bomben, Kugeln, Hanteln oder Tropfen, die aus sehr flüssiger Magma entstanden sind.

PAHOEHOE-LAVA poröse basaltische Lava mit seilartiger Oberflächenstruktur.

RETIKULIT das leichteste bekannte Gestein; ein basaltischer Bimsstein, bei dem die Porenwände eingefallen sind und ein Netz feiner, verwobener Glasfäden zurückgelassen haben.

PALAGONIT submarine Lava, die sich durch die Bildung des gelartigen Minerals Palagonit gelblichbraun verfärbt hat.

TONSCHIEFER
METAMORPHES GESTEIN

MERKMALE graues, sehr feinkörniges, geschichtetes Gestein, das sich in dünne Platten spalten läßt; enthält manchmal gut ausgeprägte Pyritkristalle und ist in metamorphen Zonen zu finden.
FARBE gewöhnlich mittel- bis dunkelgrau, manchmal auch bräunlich.
GEFÜGE schieferig, sehr feinkörnig.
ZUSAMMENSETZUNG Glimmer, Quarz und andere Mineralien, die nur durch Röntgen zu bestimmen sind.
ENTSTEHUNG durch Regionalmetamorphose von Schieferton oder vulkanischem Tuff.
VARIETÄTEN keine.
VERWENDUNG Dachplatten.
VORKOMMEN weltweit verbreitet.

KRISTALLINE SCHIEFER
METAMORPHES GESTEIN

MERKMALE schieferiges Gestein, meist bestehend aus Biotit, Muskovit und Quarz; enthält manchmal grünen Chlorit, Granate oder Staurolith und Kyanit.
FARBE unterschiedlich; gestreift, silbrig, schwarz, weiß oder grün.
GEFÜGE schieferig mit deutlicher Platten- oder Parallelstruktur.
ZUSAMMENSETZUNG vorwiegend Muskovit, Biotit und Quarz, manchmal auch etwas grüner Chlorit; kann auch große, gut ausgebildete Granatkristalle enthalten.
ENTSTEHUNG in kontakt- oder regionalmetamorphen Zonen.
VARIETÄTEN Chlorit- oder Grünschiefer mit hohem Gehalt an grünem Chlorit; Glimmerschiefer mit hohem Glimmerge-

halt; Granatschiefer, ein Glimmerschiefer mit Granateinsprenglingen; Staurolith-Kyanitschiefer, ein Glimmerschiefer mit Staurolith und Kyanitanteil; Amphibolit, der größtenteils aus Amphibol und Plagioklas besteht.
VERWENDUNG als Mineralienquelle für Sammler.
VORKOMMEN weltweit in der Umgebung großer Intrusionen von Tiefengestein oder in basischen Erosionszonen von Faltengebirgen.

GNEIS
METAMORPHES GESTEIN

MERKMALE grobkörniges, blaß gefärbtes Gestein mit hohem Feldspatgehalt.
FARBE weißlich bis dunkelgrau; dunklere Varietäten enthalten mehr Biotit.
GEFÜGE gneisig, grobkörnig.
ZUSAMMENSETZUNG vorwiegend Feldspat mit Quarz, Glimmer, Hornblende und Granat.
ENTSTEHUNG im tiefen Erosionsbereich von Faltengebirgen.
VARIETÄTEN je nach Ursprungsgestein; am weitesten verbreitet ist Granitgneis, aber auch basische Varietäten kommen gelegentlich vor.
VERWENDUNG Baumaterial, Zierstein, Schotter.
VORKOMMEN weltweit verbreitet, immer im Basisbereich von Faltengebirgen.

HORNFELS
METAMORPHES GESTEIN

MERKMALE ein hartes, dichtes Gestein, das in viele splittrige Fragmente bricht; der Mineraliengehalt variiert; Hornfels ist meist in kontaktmetamorphen Zonen zu finden.
FARBE dunkel- bis mittelgrau.
GEFÜGE hornfelsig, feinkörnig, manchmal mit porphyroblastischen Kristallen (Einsprenglingen).
ZUSAMMENSETZUNG je nach Ursprungsgestein.
ENTSTEHUNG im kontaktmetamorphen Grenzbereich oder der Aureole zu granitischen Intrusionen.
VARIETÄTEN Cordierithornfels mit Cordieritkristallen; Andalusithornfels mit Andalusitkristallen; Pyroxenhornfels mit Pyroxenkristallen; Sillimanithornfels mit Sillimanitkristallen.
VERWENDUNG Schotter.
VORKOMMEN weltweit verbreitet.

QUARZIT
METAMORPHES GESTEIN

MERKMALE dichtes, hartes, sehr feinkörniges Gestein, das in scharfkantige Fragmente zerbricht; Quarzit kommt immer in Begleitung anderer Metamorphgesteine vor, wie Sandstein immer mit anderen Sedimentgesteinen einhergeht.
FARBE weiß bis cremefarben.
GEFÜGE gleichkörnig und sehr feinkörnig.
ZUSAMMENSETZUNG verzahnte Sandkörner (Quarz), oft mit Kiesel als Bindemittel.
ENTSTEHUNG in Zonen regionalmetamorphen Sandsteins.
VARIETÄTEN örtliche Varietäten nach Farbe.
VERWENDUNG Schotter, Grabsteine.
VORKOMMEN weltweit.

MARMOR
METAMORPHES GESTEIN

MERKMALE fein- bis grobkörniges, granoblastisches Gestein, das in verdünnter Salzsäure aufschäumt; oft in verschiedenen Farben gebändert, manchmal geädert.
FARBE unterschiedlich; weiß, creme, grau, rot, grün, oft mit helleren und dunkleren Streifen.
GEFÜGE fein- bis grobkörnig, gleichkörnig.
ZUSAMMENSETZUNG Kalziumkarbonat.
ENTSTEHUNG in Zonen regionalmetamorphen Kalksteins.
VARIETÄTEN zahlreich, je nach Farbe und Maserung, zum Beispiel blaßgrüner Connemara-Marmor.
VERWENDUNG Baumaterial und Zierstein.
VORKOMMEN weltweit verbreitet.

REGISTER